Thomas Hammer

Fondsindustrie in Deutschland – Eine Branche im Umbruch

Ein Blick hinter die Kulissen von Anbietern, Produkten und Nachfragern

Diplomica® Verlag GmbH

Hammer, Thomas: Fondsindustrie in Deutschland – Eine Branche im Umbruch: Ein Blick hinter die Kulissen von Anbietern, Produkten und Nachfragern, Hamburg, Diplomica Verlag GmbH 2012

ISBN: 978-3-8428-9165-4
Druck: Diplomica® Verlag GmbH, Hamburg, 2012

Bibliografische Information der Deutschen Nationalbibliothek:
Die Deutsche Nationalbibliothek verzeichnet diese Publikation in der Deutschen Nationalbibliografie; detaillierte bibliografische Daten sind im Internet über http://dnb.d-nb.de abrufbar.

Die digitale Ausgabe (eBook-Ausgabe) dieses Titels trägt die ISBN 978-3-8428-4165-9 und kann über den Handel oder den Verlag bezogen werden.

Dieses Werk ist urheberrechtlich geschützt. Die dadurch begründeten Rechte, insbesondere die der Übersetzung, des Nachdrucks, des Vortrags, der Entnahme von Abbildungen und Tabellen, der Funksendung, der Mikroverfilmung oder der Vervielfältigung auf anderen Wegen und der Speicherung in Datenverarbeitungsanlagen, bleiben, auch bei nur auszugsweiser Verwertung, vorbehalten. Eine Vervielfältigung dieses Werkes oder von Teilen dieses Werkes ist auch im Einzelfall nur in den Grenzen der gesetzlichen Bestimmungen des Urheberrechtsgesetzes der Bundesrepublik Deutschland in der jeweils geltenden Fassung zulässig. Sie ist grundsätzlich vergütungspflichtig. Zuwiderhandlungen unterliegen den Strafbestimmungen des Urheberrechtes.

Die Wiedergabe von Gebrauchsnamen, Handelsnamen, Warenbezeichnungen usw. in diesem Werk berechtigt auch ohne besondere Kennzeichnung nicht zu der Annahme, dass solche Namen im Sinne der Warenzeichen- und Markenschutz-Gesetzgebung als frei zu betrachten wären und daher von jedermann benutzt werden dürften.

Die Informationen in diesem Werk wurden mit Sorgfalt erarbeitet. Dennoch können Fehler nicht vollständig ausgeschlossen werden, und der Diplomica Verlag, die Autoren oder Übersetzer übernehmen keine juristische Verantwortung oder irgendeine Haftung für evtl. verbliebene fehlerhafte Angaben und deren Folgen.

© Diplomica Verlag GmbH
http://www.diplomica-verlag.de, Hamburg 2012
Printed in Germany

INHALTSVERZEICHNIS

ABKÜRZUNGSVERZEICHNIS .... **IV**

ABBILDUNGSVERZEICHNIS .... **VI**

1. Einleitung **1**

2. Makroökonomische Analyse der globalen Fondsindustrie **2**

3. Mikroökonomische Analyse und Historie des dt. Fondsmarktes **6**

    3.1 Abgrenzung und Definition der am Markt befindlichen Fondsarten 8

    3.2 Marktstruktur 9

        3.2.1. Inländische Anbieter 11

        3.2.2 Ausländische Anbieter – „Die Etablierten" 18

        3.2.3 Kleine Anbieter und Fondsboutiquen – „Die Underdogs" 25

        3.2.4 Sonstige kleine Anbieter und „Nischenplayer" 31

    3.3 Nachfragestruktur im deutschen Fondsmarkt 32

4. Nachfragetrends bei Fondskäufern **34**

    4.1 Risikoaversion nach Finanzkrisen der letzten 10 Jahre 34

    4.2 Finanzmarktpsychologische Anlayse des Anlegerverhaltens 35

    4.3 Auswirkung der Finanzmarktkenntnis in Deutschland auf die Produktnachfrage 36

    4.4 Produktqualität und Ihre Folgen auf Nachfragetrends 38

    4.5 Kritische Betrachtung von Absolute-Return-Lösungen 38

    4.6 Nachfragentwicklung bei passiven Fondslösungen 39

5. Bestehende Vertriebsstrategien und Implikationen zukünftiger Vertriebswege **42**

    5.1 Überblick über Absatzkanäle von Fondslösungen 42

        5.1.1 Bankenvertrieb 43

        5.1.2 Vertrieb direkt über Fondsgesellschaften 46

        5.1.3 Investmentfondsvertrieb über Direktbanken 47

        5.1.4 Investmentfondsvertrieb über freie Vermögensverwalter und Makler 48

        5.1.5 Investmentfondsvertrieb über Struktur- und Versicherungsvertriebe 54

5.2 Determinanten des Vertriebserfolgs 57

    5.2.1 Erfolgsfaktor Branding und Marketing.. 58

    5.2.2 Korrelation von Vertriebserfolg und Wertentwicklung........................... 62

    5.2.3 Einflussfaktor Retrozessions- und Frontload-Gestaltung 63

    5.2.4 Gewichtung der Wettbewerbsvorteile Transparenz und Service............ 66

5.3 Identifikation zukünftiger Entwicklungstendenzen 67

6. Schlussfolgerungen und Fazit.. 70

ANHANG 72

LITERATUR- UND QUELLENVERZEICHNIS 72

ABKÜRZUNGSVERZEICHNIS

ADIG	Allgemeine Deutsche Investment GmbH
AGI	Allianz Global Investors
AuM	Assets under Management
AWD	Allgemeiner Wirtschaftsdienst
BaFin	Bundesanstalt für Finanzdienstleistungsaufsicht
BdB	Bundesverband deutscher Banken
BCA	Beratungsgesellschaft durch Computer-Analyse mbH
BCG	Boston Consulting Group
BGF	BlackRock Global Funds
BGI	Barclays Global Investors
BMELV	Bundesministerium für Ernährung, Landwirtschaft und Verbraucherschutz
BNP	Banque National de Paris
BSF	BlackRock Strategic Funds
bspw.	beispielsweise
BVI	Bundesverband Investment und Asset Management e.V.
BVR	Bundesverb. der dt. Volksbanken und Raiffeisenbanken e.V.
ca.	circa
CFA	Chartered Financial Analyst
CRM	Customer Relationship Management
CSEF	Centre of Studies for Economics and Finance
CV	Curriculum Vitae
DAB	Direkt Anlage Bank
DAI	Deutsches Aktieninstitut
DAX	Deutscher Aktienindex
DeAM	Deutsche Asset Management
DGZ	Deutsche Girozentrale
DIHK	Deutscher Industrie- und Handelskammertag
dit	Deutscher Investment Trust
DJE	Dr. Jens Erhardt
DVAG	Deutsche Vermögensberatung AG

d.h.	das heißt
ebase	European Bank for Fund Services GmbH
EFAMA	European Fund and Asset Management Association
ESMA	European Securities and Markets Authority
ETF	Exchange Traded Funds
FAZ	Frankfurter Allgemeine Zeitung
FFB	FIL Fondsbank GmbH
FWB	Frankfurter Wertpapierbörse
GewO	Gewerbeordnung
GfK	Gesellschaft für Konsumforschung
ggf.	gegebenenfalls
HNI	High Net Worth Individuals
i.d.R.	in der Regel
IFA	Independent Financial Advisor
i.S.v.	im Sinne von
KAG	Kapitalanlagegesellschaft
MiFID	Markets in Financial Instruments Directive
OGAW	Organismus für gemeinsame Anlagen in Wertpapieren
OIF	Offene Immobilienfonds
OTC	Over-the-counter
PIMCO	Pacific Investment Management Company
sog.	sogenannt
TGF	Templeton Growth Fund
Tsd.	Tausend
UCITS	Undertakings for Collective Investments in Transferable Securities
USD	US-Dollar
USP	Unique Selling Proposition
VuV	Verband unabhängiger Vermögensverwalter
WKN	Wertpapierkennnummer
z.B.	zum Beispiel
ZMG	Zeitungs Marketing Gesellschaft

ABBILDUNGSVERZEICHNIS

Abbildung 1: „Volumen der verwalteten AuM in Europa in den Jahren 2001 bis 2011" 4
Abbildung 2: „Investmentvermögen pro Kopf" 5
Abbildung 3: „Wert der verwalteten Assets in Deutschland nach Gruppen" 9
Abbildung 4: „Die größten 20 Investmentgesellschaften 2009 in Deutschland" 11
Abbildung 5: „Marktanteile der Publikumsfondsanbieter in Deutschland" 13
Abbildung 6: „Entwicklung des verwalteten Vermögens der Allianz-Gruppe" 15
Abbildung 7: „Holding-Struktur der Union Asset Management Holding AG" 17
Abbildung 8: „Riester-Verträge in Investmentfonds in Deutschland (2007 bis 2011)" 18
Abbildung 9: „Durch die Finanzkrise fühle ich mich bei Geldentscheidungen sehr verunsichert" 35
Abbildung 10: „Hatten Sie bei einer Anlageberatung Ihrer Bank schon mal den Eindruck, daß ihre eigenen Interessen und die Interessen Ihrer Bank nicht übereinstimmen?" 36
Abbildung 11: „Interesse der Bevölkerung an Aktien und Investmentfonds von 2007 bis 2011" 37
Abbildung 12: „Die 5 größten ETF-Anbieter in Europa – Marktanteil gemessen am Umsatz" 41
Abbildung 13: „Vertriebswege der Investmentfonds" 42
Abbildung 14: „Hat Ihr Vertrauen in Banken angesichts der Finanzkrise gelitten?" 44
Abbildung 15: „Informationsquellen vor dem Kauf von Investmentfonds" 45
Abbildung 16: „Die Topseller der DAB Bank AG im März 2012" 48
Abbildung 17: „Anzahl der selbstständigen Versicherungsberater/-vermittler" 55
Abbildung 18: „Welche Produkte werden Sie im Versicherungsjahr 2011 verkaufen?" 56
Abbildung 19: „Top-Fonds der Versicherer in Deutschland im Jahr 2010" 57
Abbildung 20: „Welche Investmentgesellschaften sind Ihnen persönlich bekannt?" 60
Abbildung 21: „Nennen Sie die 3 von Ihnen am häufigsten eingesetzten Fondsgesellschaften" 62
Abbildung 22: „Investmentfonds mit dem höchsten Nettoabsatz 2010 (außerhalb USA)" 63
Abbildung 23: „Ist die Vergütung durch die Fondsgesellschaft für Sie verkaufsentscheidend?" 64
Abbildung 24: „Was ist Ihren Kunden wichtig bei der Anlage in Investmentfonds?" 64
Abbildung 25: „Wie schätzen Sie das Thema Honorarberatung für die Zukunft ein?" 65
Abbildung 26: „Welches sind für Sie die wichtigsten Auswahlkriterien bei einer Fondsgesellschaft?" 67
Abbildung 27: „Wie schätzen Sie die Zukunft der Fondsindustrie ein?" 68
Abbildung 28: „Wie schätzen Sie die zukünftige Rolle vermögensverwaltender Fonds ein?" 69
Abbildung 29: „Geschäftsmodell der attrax S.A. Luxembourg" 85
Abbildung 30: „Die besten Mischfonds der letzten 3 Jahre im Vergleich" 86
Abbildung 31: „Topseller der Maklerpools und Direktbanken" 87
Abbildung 32: „Vermögen/Nettomittelabflüsse von Pioneer Investments in Deutschland" 88
Abbildung 33: „Wertentwicklung des Carmignac Patrimoine seit Auflegung" 89

1. Einleitung

„Wir sind als Treuhänder dem Anleger verpflichtet. Wir wollen dauerhaften Anlageerfolg. Wir erzeugen Nutzen für Wirtschaft und Gesellschaft"[1]. Diese drei Kernbotschaften hat der BVI, Lobbyverband der Fondsindustrie, als wesentliche Säulen des Branchen-Leitbildes definiert. Allerdings hat die Fondsindustrie insbesondere seit Ausbruch der Finanzkrise im September 2008 deutliche Veränderungen in ihrem Umfeld hinsichtlich der Nachfragesituation erfahren. Dabei spielt das Anlageverhalten der Investoren, sowohl auf institutioneller wie auch auf der retailorientierten Privatanleger Seite, eine erhebliche Rolle – dieses ist deutlich risikoaverser geworden. Aufgrund dieser wenig risikobereiten und kapitalerhaltenden Anlagestrategie beider Investorenseiten (Institutionelle und Retail-Kunden) hat sich zwischenzeitlich auch die Produktlandschaft erheblich verändert und sog. Absolut-Return-Produkte in den Fokus der Produktanbieter (Asset Manager) rücken lassen[2]. Um einen umfassenden Überblick über die veränderte Marktsituation auf Anbieter-, Nachfrager- und Produktseite zu geben wurde neben der einschlägigen Literatur auch auf die aktuelle Studie des Beratungshauses Boston Consulting Group (BCG) sowie Daten des nationalen Lobbyverbandes – dem Bundesverband Investment und Asset Management e.V. (BVI) – und der internationalen Fondsindustrie-Interessenvereinigung EFAMA (European Fund and Asset Management Association) zurückgegriffen. Um den Bezug zur Praxis zu finden wurde im Zeitraum von 15. November 2011 bis einschließlich 15. Januar 2012 eine eigene Umfrage unter 500 Anlage- und Vermögensberatern in Deutschland vorgenommen (weitere Details zur Umfrage finden sich im Anhang), wovon 189 Berater die gestellten Fragen vollständig beantwortet zurückgesandt haben. Ergänzend dazu wurde inhaltlich auch die von Fidelity Investments im Juli 2011 durchgeführte Studie zur Anlageberatung miteinbezogen. Ergänzend zu den empirischen Ergebnissen aus den Studien wurden anhand der branchenüblichen Wirtschaftsliteratur wie „Handelsblatt", „Wirtschaftswoche" oder „Bankmagazin" auch Informationen der intermediärorientierten Presse, namentlich „CASH"- und „fondsprofessionell-Magazin" in die Recherchen miteinbezogen, da hier absatzorientierte Informationen verarbeitet werden. Insgesamt ist dadurch ein sehr umfangreicher Überblick der deutschen Fondsindustrie entstanden, der sowohl Anbieter, Produkte und die Nachfragerseite beleuchtet.

---

[1] Quelle: BVI, Leitbild der Investmentfondsbranche.
[2] Vgl. BVI-Investmentjahrbuch (2011), S. 8.

2. Makroökonomische Analyse der globalen Fondsindustrie

Die Entwicklung im globalen Asset Management hat in den vergangen Jahren eine sehr starke Dynamik aufgewiesen. Zum heutigen Zeitpunkt zeigen sich diverse Megatrends ab, die die Fondsindustrie zu einschneidenden Veränderungen veranlassen wird. Die Bandbreite der Veränderung reicht dabei von der Neustrukturierung auf der Angebots- wie auch Nachfrageseite, dem Austauschen von Produkt- oder Serviceleistungen und nicht zuletzt bis zu Anforderungen auf regulatorischer Seite. Das Aufbrechen der vorhandenen Wertschöpfungsketten wird dazu führen, daß sich Spezialisierungsmöglichkeiten ergeben werden, die aufgrund dieser Konzentration auf Kernkompetenzen v.a. große und spezialisierte Fondsanbieter begünstigen wird. Mittelgroße und weniger fokussierte Fondsanbieter werden dadurch unter erheblichen Konsolidierungsdruck geraten. Aktuell sind die nachfolgenden Megatrends zu erkennen[3]:

1. Aufbrechende Vertriebskanäle (insbesondere Drittfondsvertrieb)
2. Altersvorsorgeprodukte werden immer wichtiger
3. Verstärkte Nachfrage bei kundenorientierten Fondslösungen
4. Erhöhter Konkurrenzdruck
5. Vermehrter Eingriff auf regulatorischer Seite

Die Öffnung von Vertriebskanälen, die sog. „offene Architektur", ist seit Jahren ein beherrschendes Thema in der Fondsindustrie[4]. Dieser Trend hat sich in den letzten 3 Jahren nochmals verstärkt, so daß in Frankreich und Italien der Drittfondsvertrieb um nahezu 40 % und in Deutschland um ca. 20 % gewachsen ist. Dabei ist aber auch zu beobachten, daß die propagierte „Open Architecture" eher einer „Guided Architecture[5]" entspricht. Insbesondere der Bank-Drittfondsvertrieb weist eine nur sehr eingeschränkte Anzahl von Fremdanbietern auf. Um in diesem Auswahlprozeß erfolgreich zu sein ist es für Fondsanbieter wesentlich noch stärker selbst am Markt aufzutreten und sich bei Endkunden in Erscheinung zu bringen – d.h. eine eigene Marke, ein eigenes unverwechselbares „Brand", aufzubauen[6].

---

[3] Vgl. hierzu BCG Report „Global Asset Management 2011 – Building on Success", S. 1-6.
[4] Vgl. hierzu Heinemann et al. (2003), S. 45.
[5] Unter „Guided Architecture" versteht man den Fremdfonds-Auswahlprozeß durch bankinterne Produktmanagementeinheiten. I.d.R. wird nur eine begrenzte Anzahl an Fonds zugelassen. Quelle: eigene Recherche.
[6] Vgl. Sector Analysis (2003), S.17.

Im Rahmen der „Global Asset Management Studie 2011"[7], die von der Boston Consulting Group (BCG) durchgeführt wurde (diese spiegelt lt. BCG rund 56% des Gesamtmarktes und mehr als 50 % der AuM im globalen Markt wider) werden die entscheidenden Einflußfaktoren für das Jahr 2010/2011 nochmals beleuchtet und ein Ausblick für das globale Asset Management skizziert. So verzeichnete die von professionellen Asset Managern verwalteten Vermögenswerte einen Anstieg um 8 % auf 65,4 Billionen USD. In den Vor-jahren wurden diese Werte mit + 13 % (2009) und – 17 % (2008) festgestellt. Der deutliche Anstieg der AuM im Jahr 2010 führte dazu, daß das ehemaliege Jahreshoch aus dem Jahr 2007 von 56,2 Billionen USD an betreuten Assets übertroffen werden konnte. Dabei sind allerdings sehr deutliche regionale Unterschiede zu verzeichnen. Allein um 18 % steigerten sich die AuM in der Region Latein-Amerika, um rund 8 % in Nord-Amerika und um 7 % in Europa. Die Schwellenländer außerhalb Lateinamerikas (insbesondere Südafrika, mittlerer Osten und Asien) wiesen dabei eine leicht rückläufige Wachstumsquote von 11 % auf, was auf einen Rückgang im Retail-Publikumsfondsabsatz zurückzuführen war. Ein relativ schwaches Wachstum war in 2010 auch für den asiatisch-pazifischen Raum mit Japan und Australien festzustellen. Ein starkes globales Wachstum war insbesondere im sog. „HNI-Segment" über diskretionäre Mandate sowie bei Versicherungen (sog. „Unit-Linked-Business") und Pensionsfonds zu verzeichnen.

Insgesamt wuchs das Retail-Segment (mit Endkunden-Fokus) über 9 % im Jahr 2010 auf weltweit 22,8 Billionen USD und damit stärker als das institutionelle Asset Management, welches einen Anstieg von 7 % auf 33,6 Billionen USD vorweisen konnte. Allerdings haben die verwalteten AuM im Retailsegment noch nicht wieder das Allzeithoch von 2007 (mit 23,5 Billionen USD) erreicht. Die genauere Betrachtung der Absatzzahlen zeigt, daß in Europa alle Asset Klassen in den Jahren 2008 und 2009 Zuwächse aufwiesen – hierbei besonders bei Bond- und Balanced-Fonds (das spiegelt sich auch in den deutschen Absatzzahlen v.a. beim Rentenfonds *Templeton Global Bond* und Aktien-Renten-Mischfonds *Carmignac Patrimoine* wider).

Die Studie von BCG hat im weiteren Verlauf sehr interessante Ergebnisse zur Ertragsseite der Fondsgesellschaften hervorgebracht. Mit einer Profit-Marge von ca. 30 % ist das Asset Management eine sehr ertragreiche Sparte innerhalb der Finanzindustrie und auch wesentlich weniger volatil als das in der Vergangenheit stark forcierte Investment-Banking-Geschäft. Allerdings hat die Erhöhung der Profit-Marge auch zu einer Verlangsamung bei der Marktkonsolidierung geführt, welche in den kommenden Jahren weiter voranschreiten wird. We-

---

[7] Vgl. hierzu BCG Report „Global Asset Management 2011 – Building on Success", S. 8-20.

sentliche USPs, um im Markt weiterhin zu bestehen, werden sich im Bereich der Spezialisierung z.B. auf Kernthemen wie „Alternative Strategien[8]" oder „Emerging Markets[9]" zeigen müssen. Die Berater von BCG sehen dabei einen starke Konsolidierung im Block der mittelgroßen Asset Manager, die über eine nicht ausreichende Größe und zu wenig Spezialisierung verfügen. So würden v.a. die großen Marktschwergewichte und die kleineren, spezialisierten Vermögensverwalter von der Marktbereinigung profitieren. Die aktuelle Finanzkrise wird – aufgrund der stärker gewordenen Unsicherheit bei traditionellen Investments – den Druck der Investoren nach innovativen und verlässlichen Investmentlösungen bei den Produktanbietern erhöhen. Die nachfolgende Grafik gibt einen Überblick über die in Europa verwalteten Gelder in Investmentfonds auf einem Zeitstrahl von 2001 bis 2011.

Abbildung 1: „Volumen der verwalteten AuM in Europa in den Jahren 2001 bis 2011[10]"

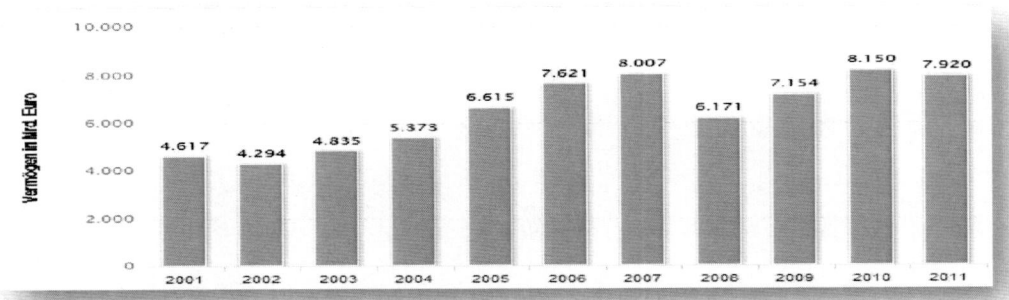

Auch bei näherer Betrachtung des Pro-Kopf-Investmentvermögens wird deutlich wie stark die nationalen Unterschiede sind. Nicht verwunderlich ist dabei, daß die Vereinigten Staaten von Amerika über ein sehr hohes Pro-Kopf-Investmentvermögen verfügen, denn die USA decken einen großen Teil ihres Altersvorsorgesystems über die Anlage in Fonds, direkt mittels eigener Anlage oder indirekt über institutionelle Pensionsfonds, ab. Auffällig dagegen ist Frankreich, die mit einem durchschnittlichen Investmentvermögen von über 19.400 Euro je Bürger deutlich vor Deutschland liegen und das trotz eines sehr ausgeprägten Wohlfahrtsstaats und umfassender Sozialsysteme. Das gilt in analoger Weise auch für Schweden, die wohl den ausgeprägtesten Wohlfahrtsstaat in Europa aufweisen.

---

[8] Unter *Alternativen Strategien* wird innerhalb der Investmentbranche der Einsatz von Derivaten ins Portfoliomanagement verstanden. Insbesondere Hedgefonds setzen diese Strategien häufig ein. Alternative Strategien beinhalten aber auch Investments in Immobilien und Rohstoffe zum Zwecke der Diversifikation und des Risikomanagements. Alternative Strategien gehen somit über die tradionelle Anlage in Aktien und Anleihen hinaus. Quelle: FINANZNACHRICHTEN lesen – verstehen – nutzen, S.773.
[9] Die Zahl der auf Entwicklungsländer ausgerichteten Investmentfonds ist in den vergangenen Jahren deutlich angestiegen. Vgl. hierzu auch FAZ vom 07.04.2012, „Fondsbranche glaubt an Schwellenländer", S.20.
[10] Quelle: EFAMA, Februar 2012. Die Statistik zeigt das Volumen des in Investmentfonds verwalteten Vermögens in Europa im Zeitraum von 2001 bis 2011.

Abbildung 2: „Investmentvermögen pro Kopf[11]"

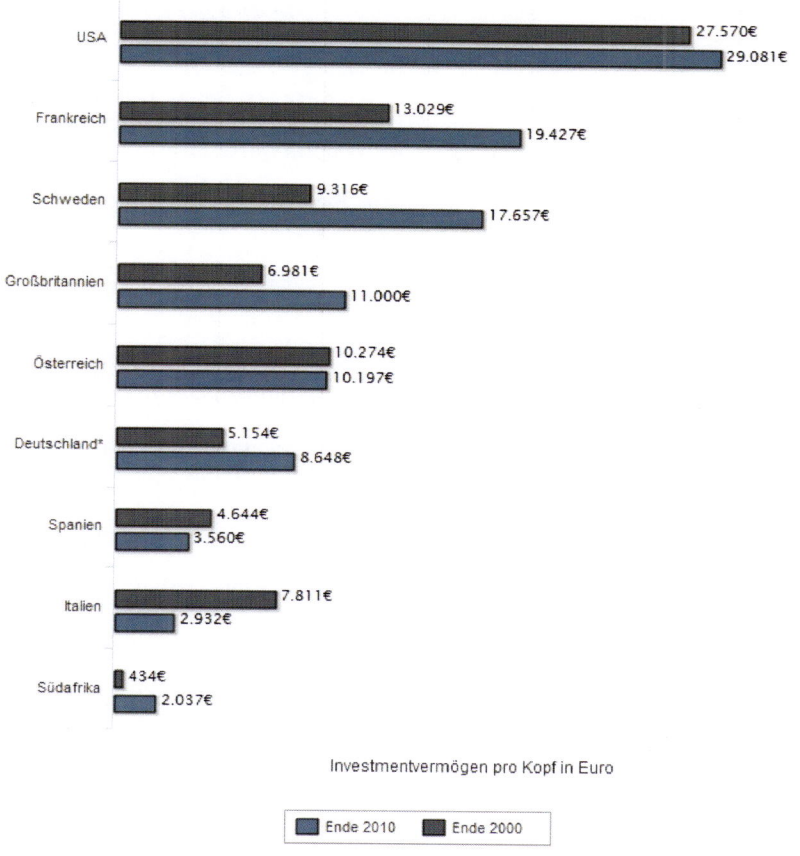

[11] Quelle: Bundesverband Investment und Asset Management e.V. (BVI), Mai 2011. Darstellung: entnommen aus www.statista.com.

3. Mikroökonomische Analyse und Historie des dt. Fondsmarktes

Die Entwicklung der globalen Investmentfondsindustrie und v.a. das Aufsetzen des ersten Investmentfonds geht über 200 Jahre zurück. So wurde der erste Investmentfonds von Adriaan van Ketwich – einem niederländischen Kaufmann – bereits 1774 aufgelegt. Nach den Niederlanden folgten analog den Ursprüngen van Ketwichs Gründungen von Investmentgesellschaften in Belgien und der Schweiz. Weiterentwicklungen waren dann um 1870 die Investment Trusts in England und Schottland und rund 25 Jahre später gegen Ende des Jahrhunderts in den USA. So waren bereits bei Ausbruch des großen Börsencrashs, am „Schwarzen Freitag" im Oktober 1929, mehr als 500 Investmentgesellschaften am Markt vorhanden. Die Marktverwerfungen im Zuge der großen Depression nach 1929 brachten die fehlenden Sicherungs-, Überwachungs- und Kontrollmöglichkeiten der Fondsgesellschaften zum Vorschein und dadruch auch die ersten Entstehungsbemühungen in Deutschland zum Stillstand[12]. So kann man den Beginn der Investmentfondsbranche in Deutschland auf das Gründungsdatum der ersten deutschen Investmentgesellschaft, der Allgemeinen Deutschen Investment GmbH (ADIG[13]) in München, datieren. Die ADIG startete ihr Angebot im August 1950 mit dem *Fondra*[14], dem zum damaligen Zeitpunkt ersten Investmentfonds in Deutschland. Der *Fondra* wurde als Mischfonds konzipiert und sollte dabei eine Art Vermögensverwaltung zwischen Aktien und Renten darstellen. Bereits im Oktober 1950 lancierte die ADIG dann ihren erten Aktienfonds – den *Fondak*[15], der bis heute als der älteste Aktienfonds in Deutschland weiterhin Bestand hat. Innerhalb der Fondsindustrie steht der *Fondak* als Symbol für die Beständigkeit der „Anlageklasse Fonds" und unterstreicht aus Renditegesichtspunkten die erfolgreiche Langfristanlage dieser Asset-Klasse. So hat der *Fondak* seit seiner Auflegung am 30.10.1950 bis 31.01.2012 eine annualisierte Rendite von 10,38 %[16] (ohne Berücksichtigung

---

[12] Vgl. BVI (2010), „Chronologie der Investmentfondsanlage", S.2.
[13] Aus der ADIG wurde später die cominvest und diese ist nach Übernahme durch die Allianz Gruppe in der Allianz Global Investors Deutschland Gruppe (AGI) aufgegangen. Quelle: Allianz Global Investors.
[14] Der *Fondra-A-Eur* wurde am 18. August 1950 unter der WKN: 847100 aufgelegt und weist per 29.02.2012 ein Fondsvermögen von 133,7 Mio. Euro auf. Quelle: AGI, abgerufen am 04.04.2012 unter http://www.allianzglobalinvestors.de/web/main?action_id=FondsDetails.Documents&l_act_id=FondsDetails&l180=DE0008471004.
[15] Der *Fondak-A-Eur* wurde am 30. Oktober 1950 unter der WKN: 847101 aufgelegt und weist per 29.02.2012 ein Fondsvermögen von 2.107,5 Mio. Euro auf. Quelle: AGI, abgerufen am 04.04.2012 unter http://www.allianzglobalinvestors.de/web/main?action_id=FondsDetails.Documents&l_act_id=FondsDetails&l180=DE0008475013.
[16] Vgl. hierzu das Fonds-Factsheet der Allianz Global Investors (AGI) vom 07.02.2012 abgerufen unter http://www.allianzglobalinvestors.de/web/pdfdetails?action_id=FondsDetailsPdfAll&l_act_id=FondsDetails. am 11.02.2012.

von Ausgabeaufschlägen) erzielt. 1958 folgte der dit mit dem *Thesaurus*[17] und 1959 die DWS mit dem *Intervest*[18] als globalen Aktienfonds und ebenfalls 1959 erhielt mit dem *iii-Fonds Nr.1*[19] der erste Offene Immobilienfonds seine Vertriebszulassung.

Bis in die 1970er Jahre war die Anlageklasse Investmentfonds in Deutschland nahezu unbedeutend. Die AuM betrugen 1970 umgerechnet 5,4 Milliarden Euro – dabei entfielen auf Publikumsfonds rund 4,9 Milliarden Euro und auf institutionelle Spezialfonds weitere 0,4 Milliarden Euro. So verzeichnete die deutsche Investmentindustrie auch in den beiden folgenden Jahrzenten nur ein geringes Wachstum und wies erstmals 1992 ein verwaltetes Vermögen von über 200 Milliarden Euro auf, die sich allerdings bis 1996 sehr schnell auf über 400 Mrd. Euro verdoppelten. Im Zuge des Börsenganges der Deutschen Telekom AG im November 1996 und der sog. „Dotcom-Euphorie" der Folgejahre erreichte die deutsche Fondsindustrie im Jahr 2000 fast eine Billion Euro an AuM[20].

Die Statistik des Lobbyverbandes der deutschen Fondsindustrie, dem Bundesverband Investment und Asset Management e.V. (BVI), hat die zum 31. Dezember 2010 durch die Fondsindustrie in Deutschland verwalteten Assets mit 1.830,5 Mrd. Euro ermittelt, die damit ein Allzeithoch erreicht haben. Ursächlich dafür waren v.a. im Verlauf des Jahres 2010, durch ein positives Börsenumfeld begünstigte, hohe Nettomittelzuflüsse bei den Investmentgesellschaften. So werden zum 31. Dezember 2010 rund 710,0 Mrd. Euro in Publikumsfonds und 813,4 Mrd. Euro in Spezialfonds verwaltet. Die verbleibenden 307,1 Mrd. werden in Investmentanlagen außerhalb von Investmentfonds, d.h. weder in Publikums- noch Spezialfonds, verwaltet.

In Spezialfonds dürfen ausschließlich nicht-natürliche Personen investieren, d.h. sie sind i.d.R. institutionellen Investoren vorbehalten und werden vornehmlich von Pensionskassen, Versicherungen oder Stiftungen genutzt. Alle Fonds, die nicht in die Klassifizierung Spezialfonds fallen, sind dem Gesetz nach den Publikumsfonds zuzurechnen. Bei der Entwicklung der Spezialfonds neu zugeflossenen Assets im Jahr 2010 von insgesamt 71,1 Mrd. Euro wird die Dynamik dieser Anlageform (für institutionelle Anleger) besonders deutlich. Auf Publi-

---

[17] Der *Allianz RCM Thesaurus - AT - EUR* wurde am 8. November 1958 unter der WKN: 847501 aufgelegt und weist per 29.02.2012 ein Fondsvermögen von 161,8 Mio. Euro auf. Quelle: AGI, abgerufen am 04.04.2012 unter http://www.allianzglobalinvestors.de/web/main?action_id=FondsDetails.Documents&l_act_id=FondsDetai s&1180=DE0008475013.
[18] Der *DWS Intervest* wurde am 21. Mai 1959 unter der WKN: 847401 aufgelegt und weist per 29.02.2012 ein Fondsvermögen von 192,0 Mio. Euro auf. Quelle: DWS, abgerufen am 04.04.2012 unter https://www.dws.de/Produkte/Fonds/529/Fonds-Fakten.
[19] Der Fonds wurde zwischenzeitlich aufgelöst. Quelle: iii-Investments München, www.iii-investments.de.
[20] Vgl. Jahrbuch des BVI (2010), S.2.

kumsfonds entfielen in 2010 lediglich 19,3 Mrd. Euro. Dabei verneinnahmte die Anlageklasse „Mischfonds" 13,8 Mrd. Euro, während in Aktienfonds 10,2 Mrd. Euro, in Rentenfonds 9,9 Mrd. Euro und in alternative Anlagefonds sowie in offene Immobilienfonds jeweils 1,6 Mrd. Euro neue Gelder flossen. Herbe Verluste verzeichneten aufgrund des Niedrigzinsumfelds insbesondere Geldmarktfonds, die rund 16,8 Mrd. Euro Nettomittelabflüsse hinnehmen mußten. Die aktuellsten Zahlen des BVI für das Jahr 2011 fallen ebenfalls deutlich positiv für die Sparte der Spezialfonds und mit erheblichen Ablüssen für die Publikumsfonds, im Zuge der extremen Marktverwerfungen im August 2011, aus[21]. Der deutschen Investmentbranche flossen zwar insgesamt 29,5 Mrd. Euro an neuen Geldern zu, aber alleine 45,3 Mrd. Euro entfielen dabei auf institutionelle Spezialfonds. So daß im Gegenzug 16,6 Mrd. Euro Rückflüsse aus Publikumsfonds zu verzeichnen waren. Dabei flossen, bis auf die Sparte der Offenen Immobilienfonds (OIF), bei allen Asset Klassen Gelder aus den Fonds. Es ist allerdings auch bei den OIF davon auszugehen, daß sie im Jahr 2012 eher mit Rückflüssen behaftet sein werden. Da bereits der geschlossene OIF von KanAm International GmbH seinen Anlegern mitgeteilt hat, daß er nicht wieder für Rückgaben öffnen, sondern bis 2016 den Fonds abwickeln und sukzessive an die Investoren zurückzahlen wird ist auch für die beiden Marktführer im OIF-Bereich, Credit Suisse Asset Management und SEB Asset Management, davon auszugehen, daß deren OIFs nicht wieder öffnen, sondern in die Abwicklung gehen werden. Damit stehen, alle drei Fonds zusammen aggregiert, rund 15 Mrd. Euro Anlagegelder innerhalb der nächsten 5 Jahre zur Wiederanlage in „neue" Produkte und Anlageklassen an[22].

3.1 Abgrenzung und Definition der am Markt befindlichen Fondsarten

Grundsätzlich ist bei der Beschreibung der Fondsarten zunächst eine Abgrenzung zwischen Spezialfonds, die ausschließlich institutionellen Investoren offenstehen, und Publikumsfonds, die den Zugang für private, sog. Retailinvestoren, darstellen vorzunehmen. Allerdings ist auch in den letzten Jahren ein vermehrter Zugang von institutionellen Investoren bei Publikumsfonds festzustellen, die – falls ihre Anlagekriterien für das institutionelle Mandat geeignet sind – dann auch von diesen professionellen Investoren in die eigenen Portfolien allokiert werden. Neben der Aufteilung zwischen institutionellen und privaten Mandaten über Spezial- und Publikumsfonds muß auch eine Unterscheidung der verschiedenen Anlageklassen vorgenommen werden. Neben konservativen Geldmarktprodukten und Rentenfonds stehen den Investoren auch sog. „Balanced-Mandate" oder Mischfonds sowie Aktienfonds zur Verfügung. Weiter ist es möglich die Anlage in ein Immobiliensondervermögen über offene Immo-

---

[21] Vgl. hierzu auch „Foliensatz zur Jahrespressekonferenz des BVI" am 07.02.2012 in Frankfurt am Main, S.2.
[22] Ebenda, S. 6-8.

bilienfonds (OIF) vorzunehmen, wobei sich bei dieser Anlageklasse – aufgrund von Liquiditätsengpässen bedingten Schließungen – seit Ende 2008 eine kritische Situation darstellt. Aufgrund der risikoaversen Investoreneinstellung im Zuge der Finanzkrise haben sich insbesondere Anlagen in Renten- sowie Mischfonds sehr gut platzieren lassen[23]. Die Nachfolgende Grafik gibt einen Überblick über die AuM-Struktur der in Deutschland verwalteten Investorengelder.

Abbildung 3: „Wert der verwalteten Assets in Deutschland nach Gruppen[24]"

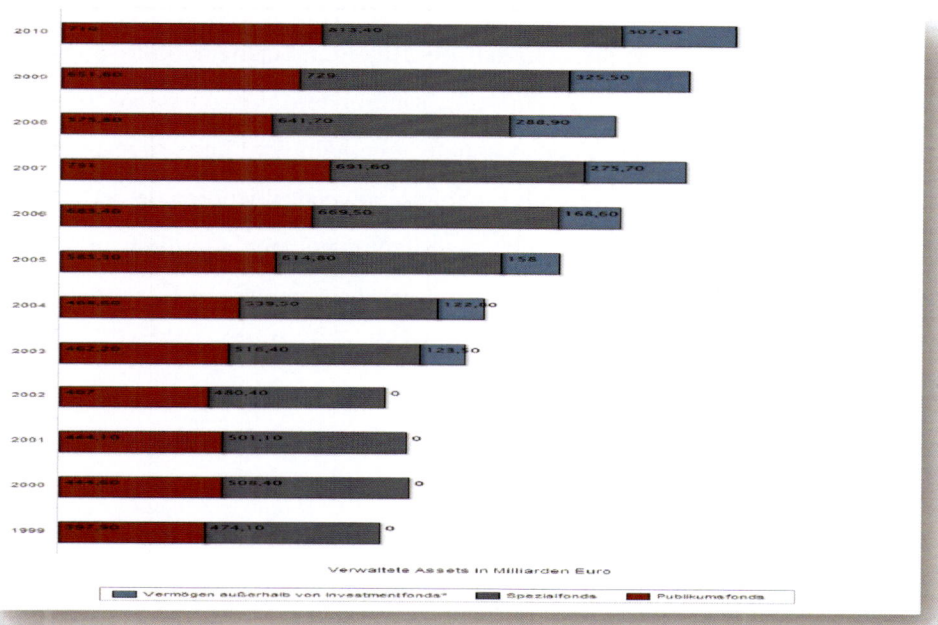

3.2 Marktstruktur

Der Fondsmarkt in Deutschland weist aktuell eine Anbieterzahl von 78 auf[25], woraus sich eine polypolistiche Marktstruktur ableitet. Allerdings zeigt die Betrachtung des Fondsmarktes deutlich eine marktbeherrschende Stellung bei Investmentgesellschaften mit eigenem Bankvertrieb auf – es herrscht damit eine oligopolistische Tendenz vor. So sind die Kapitalanlage-

---

[23] Vgl. hierzu „Foliensatz zur Jahrespressekonferenz des BVI" am 07.02.2012 in Frankfurt am Main, S.8-12.
[24] Quelle: Bundesverband Investment und Asset Management e.V. (BVI), Mai 2011. Investment 2011, Seite 8. Hinweise: *Das Vermögen außerhalb von Investmentfonds ist erst ab 2003 verfügbar. **Angaben seit 2006 inklusive ausländischer Fonds mit Absatz in Deutschland. Summenwerte können durch Rundungsdifferenzen abweichen.
[25] Quelle: BVI; Stand: 30. September 2008. Anzahl der zum Vertrieb zugelassenen Gesellschaften.

gesellschaften der Deutsche Bank Gruppe über die DWS[26] oder der Allianz Gruppe über die Allianz Global Investors (AGI), die der Sparkassenorganisation mittels der Deka-Gruppe sowie die genossenschaftliche Bankengruppe (VR-Banken[27]) anhand der Union Asset Management Holding mit Abstand die vier größten deutschen Investmentgesellschaften am deutschen Fondsmarkt. Weit dahinter liegt die deutsche Niederlassung des weltgrössten Asset Managers BlackRock, die v.a. durch den Aufkauf der passiven Investmentsparte iShares von Barclays Global Investors im Dezember 2009 zum größten ausländischen Investmenthaus in Deutschland aufstiegen. Deutlich hinter BlackRock nimmt die Deutschland-Tochter der Franklin Templeton Gruppe Rang zwei bei den ausländischen Investmentgesellschaften ein. Allerdings muß darauf verwiesen werden, daß im Zuge der Finanzmarktkrise die Verbundstrukturen doch erheblich aufgeweicht sind und insbesondere die genossenschaftliche Bankengruppe angefangen hat verstärkt Fondsprodukte außerhalb der Union Investmentgruppe in ihren Vertrieb mitaufzunehmen. Bereits zum Jahrtausendwechsel wurde von der DZ Bank AG eigens dafür die „Drittfondsplattform" attrax[28] gegründet, die dann allerdings in 2005 zur 100 %-Tochter der Union Asset Management Holding wurde. Über die in Luxemburg ansässige attrax-Plattform steht den angeschlossenen Volks- und Raiffeisenbanken ein breites Spektrum an sog. „Fremdfonds" zur Verfügung, das von rund 350[29] der insgesamt 1.119 Volks- und Raiffeisenbanken[30] aktiv genutzt wird. Allein die französische Investmentboutique Carmignac Gestion hat über diesen Vertriebskanal seit 2007 Bestände in Höhe von rund 900 Mio. Euro bei den regionalen Banken aufbauen können und gewinnt weiter Marktanteile in diesem Vertriebssegment hinzu[31]. Das nachfolgende Schaubild zeigt die wesentliche Struktur des deutschen Fondsmarktes anhand der 20 größten Investmentgesellschaften in Deutschland. Unternehmen wie bspw. Carmignac Gestion erscheinen hier allerdings nicht, da sie ihre AuM-Zahlen in Deutschland nicht an den BVI weitergeben. In ähnlicher Weise wird das von

---

[26] Die Kapitalanlagegesellschaft DWS wurde im August 1956 gegründet und gehört zur Deutsche Bank Gruppe. In Deutschland ist die DWS mit 130 Mrd. Euro Marktführer, in Europa verwaltet die Gesellscahft 192 Mrd. Euro (Platz 4) und weltweit 269 Mrd. Euro (Stand: 31.12.2011) und belegt damit Platz 10 innerhalb der globalen Fondsindustrie. Quelle: BVI, Lipper, Unternehmensangaben, abgerufen unter https://www.dws.de/UeberDWS am 03.04.2012.
[27] Volks- und Raiffeisenbanken. Per Ende 2011 gab es in Deutschland 1119 eigenständige und über den BVR in Berlin organisierte Volks- und Raiffeisenbanken. Quelle: BVR. Stand: 31.12.2011.
[28] Vgl. hierzu auch Informationen zum Unternehmen der attrax S.A. Luxemburg unter http://www.attrax.lu/docme/geschaeftsmodell/de/index.html, abgerufen am 03.04.2012. Das Geschäftsmodell der attrax S.A. wurde der Anlage beigefügt.
[29] Diese Information ergab sich aus Unterlagen, die seitens der attrax S.A. bei entsprechenden Vertriebsmeetings mit der Carmignac Gestion Deutschland GmbH zur Verfügung gestellt wurden (interne, nicht veröffentliche Angaben, die aber auf Nachfrage eingesehen werden können).
[30] Vgl. hierzu auch „Liste aller Genossenschaftsbanken" (Stand: 30.12.2011) des BVR, abgerufen unter http://www.bvr.de/p.nsf/DB7EB8B24BD5A9F3C12578530050AE71/$FILE/AlleBanken2011.pdf am 12.02.2012.
[31] Quelle: interne Vertriebsinformation der Carmignac Gestion Deutschland GmbH, Frankfurt am Main.

vielen ausländischen Investmentgesellschaften gehandhabt, so daß sich ein – um diese nicht veröffentlichten Zahlen – unvollständiges Bild ergibt.

Abbildung 4: „Die größten 20 Investmentgesellschaften 2009 in Deutschland[32]"

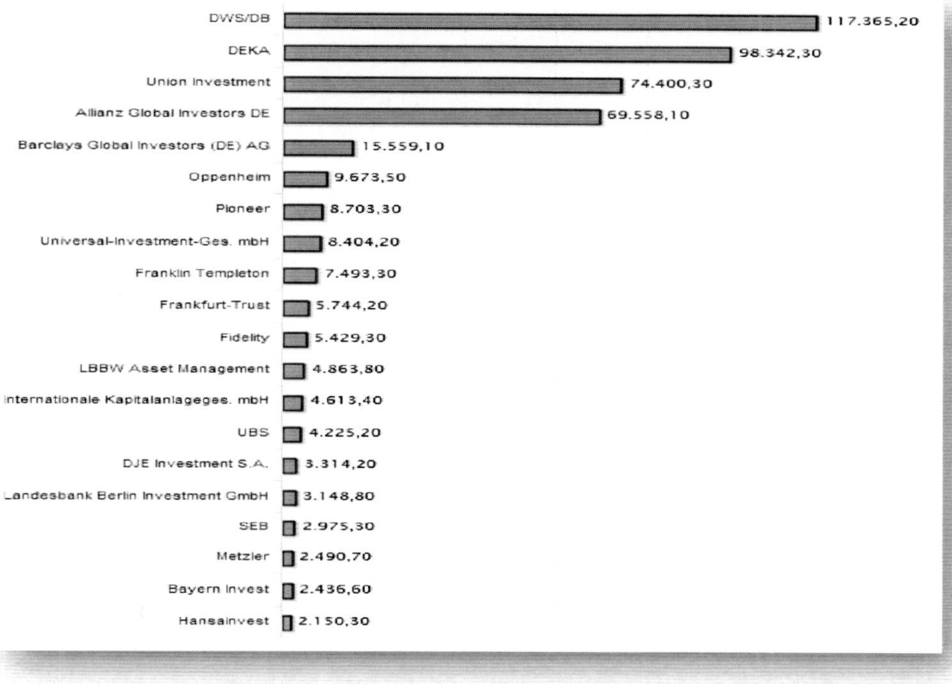

Gesellschaft	Wert
DWS/DB	117.365,20
DEKA	98.342,30
Union Investment	74.400,30
Allianz Global Investors DE	69.558,10
Barclays Global Investors (DE) AG	15.559,10
Oppenheim	9.673,50
Pioneer	8.703,30
Universal-Investment-Ges. mbH	8.404,20
Franklin Templeton	7.493,30
Frankfurt-Trust	5.744,20
Fidelity	5.429,30
LBBW Asset Management	4.863,80
Internationale Kapitalanlageges. mbH	4.613,40
UBS	4.225,20
DJE Investment S.A.	3.314,20
Landesbank Berlin Investment GmbH	3.148,80
SEB	2.975,30
Metzler	2.490,70
Bayern Invest	2.436,60
Hansainvest	2.150,30

3.2.1. Inländische Anbieter

Bei der Betrachtung der Marktstruktur in Deutschland wird deutlich, daß vor allem die inländischen Anbieter mit eigenen Vertrieben und Absatzkanälen über ihre Verbünde eine beherrschende Rolle einnehmen. Hierbei sind insbesondere der Marktführer DWS seitens der Deutschen Bank Gruppe, die zur Allianz Gruppe gehörende Allianz Global Investors (inklusive PIMCO, wenngleich aktuell eine vetriebliche Trennung der beiden Asset Manager AGI und PIMCO ansteht) sowie die Sparkassen-Tochter DekaBank und die Union Investment aus dem Lager der Volks- und Raiffeisenbanken zu nennen. Allein diese vier Anbieter vereinen zusammen 71 % des Publikumsfondsmarktes in Deutschland[33]. Im Bereich der Spezialfondsanbieter ist der Markt deutlich breiter diversifiziert und nur die AGI sticht hier mit einem überdurchschnittlichen Marktanteil von 18 % heraus. Im weiteren Verlauf wird auf die einzelnen

---

[32] Quelle: Bundesverband Investment und Asset Management e.V. (BVI), Stand: Juni 2010, Darstellung: entnommen aus www.statista.com.
[33] Quelle: BVI, Stand: 31.12.2011.

Anbieter, ihre Spezifika hinsichtlich Produkten und Vertriebsgestaltung sowie die (über diese Vertriebskanäle) erreichten Kunden eingangen. Auch gilt der Betrachtung von Strukturen innerhalb von Verbünden wie der Sparkassen-Organisation oder der genossenschaftlichen Bankengruppe ein Augenmerk.

DWS Investments GmbH[34]

Die DWS als Tochtergesellschaft des Deutsche Bank Konzerns ist mit einem Marktanteil von rund 23,10 % mit deutlichem Abstand Markführer in Deutschland und verwaltet dabei insgesamt Kundengelder in Höhe von 130 Mrd. Euro. Seit Ihrer Gründung im Jahr 1956 hat die DWS neben Deutschland auch in Europa Niederlassungen aufgebaut und ist in Amerika (über den Vermögensverwalter Scudder) sowie in Singapur und Indien im Asien-Pazifik-Raum vertreten. Die DWS zeichnet sich als sog. „Full-Sortimenter[35]" aus, d.h. es werden alle Asset-Klassen innerhalb des Produktspektrums angeboten. Weiter hat sich die DWS neben der Union Investment im Bereich der Altersvorsorge-Produkte mit ihrer „DWS Riester Rente" einen entscheidenden Marktanteil gesichert, welcher der Gesellschaft auf Jahre hinaus stabile Inflows an AuM bringen wird und sie insbesondere im Markt der Versicherungsvermittler als entscheidenden Partner etabliert. Aktuell zeichnen sich innerhalb der DWS-Gruppe – aufgrund der Umstrukturierungen im Gesamtkonzern – Tendenzen ab, daß die DWS mit ihrem Fokus auf Publikumsfonds ihre Stellung im Deutsche-Bank-Konzern festigen wird. Im Gegenzug wird durch diese Ausrichtung auf Retailkunden das institutionelle Geschäft, das im Wesentlichen über die Deutsche Asset Management (DeAM) und Scudder abgedeckt wird, an Bedeutung verlieren und in den kommenden Monaten zum Verkauf stehen. Eine weitere Veränderung wird sich innerhalb des Fondsmanagements vollziehen, da die Fondspalette seit rund 3 Jahren eine erhebliche Performance-Schwäche aufweist. So war der erste Schritt zu mehr Qualität dadurch zu verzeichnen, daß der „Vorzeige-Fondsmanager" Klaus Kaldemorgen seine Geschäftsführertätigkeit 2011 niedergelegt hat und sich seit diesem Zeitpunkt ausschließlich dem Fondsmanagement widmet. Bei der Langfrist-Perspektive ist davon auszugehen, daß die DWS-Gruppe aufgrund ihres hohen Marktanteils und ihrer gesetzten Vertriebsstrukturen über eigene Vertriebe wie die Postbank AG oder das Filialnetz der Konzernmutter Deutsche Bank AG ihre Marktposition sichern kann[36]. Aufgrund des kompetitiven

---

[34] Vgl. hierzu auch Informationen der DWS Gruppe unter https://www.dws.de/UeberDWS, abgerufen am 12.02.2012.
[35] Unter „Fullsortimenter" wird ein Asset Manager subsummiert, der alle Anlageklassen auch alle globalen Regionen über seine Fondspalette abdeckt und ggf. den Altersvorsorgebereich mit eigenen Produktlösungen bedienen kann. Daneben werden sowohl für private wie auch institutionelle Investoren Anlageprodukte angeboten (Publikums- und Spezialfonds). Quelle: eigene Informationen und Marktrecherche.
[36] Vgl. hierzu „Deutsche Bank stoppt Verkauf fremder Fonds", Manager Magazin Online-Ausgabe vom 03.01.2012 unter http://www.manager-magazin.de/unternehmen/banken/0,2828,806861,00.html, abgerufen am 04.04.2012.

Wettbewerbs sind allerdings keine wesentlichen Steigerungen zu erwarten. Die nachfolgende Grafik zeigt mit welcher Durchdringung die DWS im deutschen Fondsmarkt präsent ist, wie weit sie vor den Mitbewerbern liegt und welchen Marktanteil es zu stabilisieren gilt.

Abbildung 5: „Marktanteile der Publikumsfondsanbieter in Deutschland[37]"

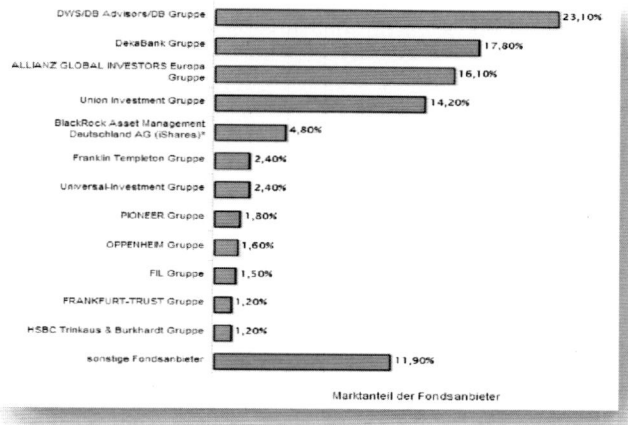

DekaBank Gruppe[38]

Innerhalb der Sparkassen Organisation fungiert der DekaBank-Konzern als zentraler Vermögensverwalter für die angeschlossenen Sparkassen und Landesbanken. Die Ursprünge der DekaBank als Asset-Management-Arm der Sparkassen-Finanzgruppe gehen auf 1956 zurück. Durch Gründung der Deka als KAG begann der Aufbau der Aktivitäten innerhalb der Verbundorganisation, die dann 1999 durch Fusion von Deutscher Girozentrale (DGZ) und Deka, den heutigen DekaBank-Konzern hervorbrachte. Die DekaBank verwaltet für institutionelle und private Kunden per 31.12.2011 Vermögenswerte von mehr als 160 Milliarden Euro. Dabei ist der dezentrale Vertrieb über die regionalen Sparkassen vor Ort und die zentrale Produkterstellung durch die DekaBank ein wesentlicher Bestandteil der Arbeitsteilung innerhalb des öffentlich-rechtlichen Finanzverbundes. Eine weitere Manifestierung dieser Zweiteilung von Produktion und Vertrieb wurde durch die neue Eigentümerstruktur der DekaBank vollzogen. Seit 2010 ist die DekaBank zu 100 % eine Tochtergesellschaft der Sparkassen in Deutschland. Hinsichtlich der Geschäftsaufteilung hat die DekaBank drei Geschäftsbereiche definiert, die sich in die Bereiche „Asset Management Kapitalmarkt" für das Publikumsfondsgeschäft und „Corporates und Markets" für das institutionelle Spezialfondsgeschäft

---

[37] Quelle: BVI, Stand: 31.12.2011, Darstellung: entnommen aus www.statista.com. *In Deutschland aufgelegte ETFs der Marke iShares. Der Absatz von iShares-ETFs in Deutschland, die in Irland und USA aufgelegt sind, ist nicht erfasst. Lt. BVI ohne Offene Immobilien-Publikumsfonds.
[38] Vgl. hierzu auch die Informationen der DekaBank-Gruppe unter ihrer Unternehmenswebsite, https://www.deka.de/decontent/meta/ueberuns.jsp, abgerufen am 12.02.2012.

sowie die Sparte „Asset Management Immobilien" für den Bereich der offenen Immobilienfonds institutioneller wie auch privater Investoren aufteilt. Der DekaBank-Konzern verwaltet innerhalb seiner Publikumsfondssparte AuM per Jahresende 2011 von 104 Mrd. Euro, die einem Markteinteil von 17,8 % entsprechen. Im Bereich der offenen Immobilienfonds werden rund 20,0 Mrd. Euro verwaltet und im institutionellen Asset Management belaufen sich die AuM auf ca. 50,3 Mrd. EUR. In der Publikumsfonds-Sparte entsprechen die gehaltenen AuM hinter der DWS/Deutsche Bank-Gruppe dem zweiten Platz im Deutschland-Ranking. Unter aktueller Marktbetrachtung ist festzuhalten, daß die Deka-Gruppe im Jahr 2011 mit erheblichen Mittelablüssen zu kämpfen hatte und insgesamt 6 Mrd. Euro AuM verloren hat[39]. Insgesamt ist die Gruppe durch den starken Verbund der Sparkassenorganisation recht stabil aufgestellt – allerdings hat auch bei der DekaBank eine deutliche Performance-Schwäche der Produktpalette dazu geführt, daß sich ein Teil der Sparkassen neuen Anbietern und insbesondere Fondsboutiquen zugewandt hat. Dieses Aufbrechen des Verbundes hat nicht unerheblich zu den genannten Mittelabflüssen geführt und manifestiert sich in einem sehr hohen Anteil von Sparkassen, die eine „Drittfonds-Palette" mit Fondsanbietern außerhalb der Sparkassenorganisation in ihr Kundenangebot integriert haben und diese verstärkt beim Absatz einsetzen. Ganz aktuell haben sich in der Führungsebene Neuerungen ergeben. Der Vorstandsvorsitzende der DekaBank, Franz S. Waas, wurde am 02.04.2012 in einer Verwaltungsratsitzung mit sofortiger Wirkung von seinem Amt freigestellt. Nach Angaben des „Handelsblattes" sei dies in Teilen auch auf die Neuausrichtung innerhalb der Sparkassenorganisation und auf die Verschlechterung des Betriebsergebnisses im Jahr 2011 sowie auf überzogene Tantiemenforderungen von Waas zurückzuführen[40].

Allianz Global Investors (AGI)[41]

Allianz Global Investors, die Asset-Management-Tochter des Allianz SE Konzerns mit Hauptsitz in München, versteht sich neben der Verwaltung der Konzern- und Versicherungsgelder als internationaler „Full-Sortimenter", der für private und institutionelle Kunden Fondslösungen anbietet. 1998 wurden Allianz-seitig alle Asset Management Aktivitäten in einer Gesellschaft gebündelt. Nach Übernahme der Dresdner Bank AG im Jahre 2001 und

---

[39] Vgl. hierzu auch handelsblatt.com vom 03.04.2012 „Dekabank in schweren Turbulenzen", abgerufen am 03.04.2012 unter http://www.handelsblatt.com/unternehmen/banken/sparkassen-fondsdienstleister-dekabank-in-schweren-turbulenzen/6471302.html.
[40] Vgl. Handelsblatt vom 03.04.2012, „Dekabank trennt sich überraschend von ihrem Chef", Seiten 4 und 55.
[41] Quelle: Angaben zum Unternehmen wurden der Unternehmenswebsite der AGI-Gruppe unter http://www.allianzglobalinvestors.de/web/main?page=/cms-out/ueber-uns/ueber-uns.html entnommen und am 07.03.2012 abgerufen.

deren Asset-Management-Tochter Deutscher Investment Trust (dit[42]) wurden im Januar 2007 alle – bis zu diesem Zeitpunkt noch bestehenden – Investmenttöchter auf die AGI verschmolzen. Innerhalb der AGI-Gruppe fungierte PIMCO[43], nach seiner Übernahme im Jahr 2000, als der „Rentenmanager" des Konzerns und verwaltet per 30.12.2011 weltweit ein Investmentvermögen von rund 1.357 Mrd. USD sowie davon in Europa rund 177 Mrd. Euro. Die nachfolgende Grafik gibt die Entwicklung der von der Allianz-Gruppe weltweit verwalteten AuM im Zeitraum 2005 bis 2010 wieder.

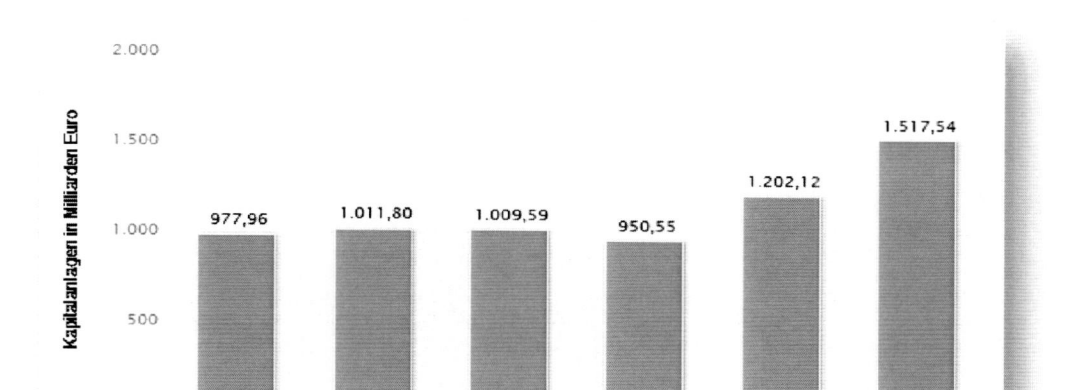

Abbildung 6: „Entwicklung des verwalteten Vermögens der Allianz-Gruppe[44]"

Jahr	Kapitalanlagen in Milliarden Euro
2005	977,96
2006	1.011,80
2007	1.009,59
2008	950,55
2009	1.202,12
2010	1.517,54

Hierbei wird deutlich, daß v.a. hohe Mittelzuflüsse in Rentenfonds der AGI-Tochter PIMCO die Erhöhung der im Konzern verwalteten AuM verursacht haben[45]. Insgesamt stellt seit mehreren Jahren die Fondstochter den Ertragsbringer der AGI-Gruppe dar. Dies hat dazu geführt, daß sich momentan am Markt eine Abspaltung der Vertriebe, auf der einen Seite mittels AGI-Vertrieb und auf der anderen durch PIMCO-Vertriebseinheiten, beider Fondsgesellschaften vollzieht. Aufgrund der Marktstellung der AGI-Gruppe und ihrer beiden Fondsgesellschaften – insbesondere über PIMCO – dürfte auch zukünftig der vorhandene Marktanteil gefestigt werden können. Aktuell verfügt die Gesellschaft über einen Marktanteil von 16,1 %, der knapp hinter dem der Deka-Gruppe liegt und den dritten Rang innherhalb Deutsch-

---

[42] Der *Deutsche Investment Trust* Gesellschaft für Wertpapieranlagen mbH (dit) wurde 1955 als konzerneigene Investmentfondsgesellschaft der damaligen Dresdner Bank AG gegründet. Quelle: Allianz Global Investors.
[43] Pacific Investment Management Company, LLC (PIMCO) ist eine Kapitalanlagegesellschaft der Allianz Gruppe mit Sitz in Newport Beach im US-Bundesstaat Kalifornien. Unternehmensinformationen abgerufen am 11.02.2012 unter http://de.pimco.com/DE/OurFirm/Pages/OurFirmOverview.aspx.
[44] Quelle: Allianz Gruppe – Geschäftsbericht 2010, S. 3. Stand: 31.12.2010.
[45] Vgl. hierzu auch "Pimco bringt der Allianz-Fondstochter den Sieg", in Handelsblatt Nr. 47 vom 06.03.2012, S.36.

lands darstellt. Voraussichtlich wird sich – aufgrund der deutlich stärkeren Performance der AGI-Produkte im Vergleich zur DekaBank – in 2012 eine Verschiebung zu Gunsten der AGI auf Platz zwei vollziehen. Dabei spielt wesentlich eine Rolle, daß mit der Commerzbank AG eine enge Vertriebspartnerschaft besteht und die Produkte der Gruppe mehrheitlich über die angeschlossenen Filialen und Private-Banking-Einheiten der Bank vertrieben werden[46].

Union Asset Management Holding AG[47]

Die Union Investment als viertgrößte Asset-Management-Gesellschaft in Deutschland steht für das Kompetenzzentrum (in der Vermögensverwaltung) innerhalb der genossenschaftlichen Finanzgruppe und den daran angeschlossenen 1.119 Volks- und Raiffeisenbanken[48]. Mit rund 2.200 Mitarbeitern werden für ca. 4,4 Millionen Kunden Fondsanlagen verwaltet. Seit Gründung im Jahr 1956 ist die Union Investment Gruppe dabei in allen Asset Klassen vertreten und gilt ebenfalls als sog. „Full-Sortimenter" unter den Fondsgesellschaften. Neben Publikumsfonds für private Anleger werden auch Spezialfonds für institutionelle Investoren gemanagt. Insgesamt verwaltet die Gruppe per 31.12.2011 AUM in Höhe von 170,3 Mrd. Euro. Strukturell besteht die Union Investment Gruppe aus einer Holding Gesellschaft, der Union Asset Management Holding AG mit Stammsitz in Frankfurt am Main sowie weiterer Unternehmensstandorte im In- und Ausland. Innerhalb dieser Holding-Struktur fungieren eigenständige Kapitalanlagegesellschaften, die jeweils über eine besondere Expertise verfügen, als entsprechende Spezialisten. Die nachfolgende Grafik verdeutlicht, daß durch die Holding-Struktur alle Asset Klassen und auch alle Investoren-Kategorien, wie private und institutionelle Investoren, abgedeckt werden. Nachfolgend wird die Struktur der Union Management Holding dargestellt, welche die Ausrichtung auf Publikums- und Spezialfonds deutlich macht und den „Full-Sortimenter-Status" des Hauses unterstreicht.

---

[46] AGI und Commerzbank AG kooperieren beim Vertrieb über eine Premium-Partnerschaft im Fondsgeschäft. Vgl. hierzu auch die Informationen der Commerzbank AG unter https://www.commerzbanking.de/P-Portal0/XML/IFILPortal/pgf.html?Tab=102&Doc=/de/GB/hauptnavigation/wp_spezial/ansatz_coba/wp_beratung_agi.htm, abgerufen am 04.04.2012.
[47] Quelle: Angaben zum Unternehmen wurden der Unternehmenswebsite der Union Asset Management Holding AG entnommen und unter http://unternehmen.union-investment.de/-snm-0184282429-1333458041-034b700000-0000000000-1333458171-enm-index.html am 07.03.2012 abgerufen.
[48] Quelle: BVR, Stand: 31.12.2011.

Abbildung 7: „Holding-Struktur der Union Asset Management Holding AG[49]"

Union Asset Management Holding AG, Frankfurt am Main					
Union Investment Privatfonds GmbH, Frankfurt am Main	Union Investment Institutional GmbH, Frankfurt am Main	Union Investment Real Estate GmbH, Hamburg	Quoniam Asset Management GmbH, Frankfurt am Main	Union Investment Luxembourg S.A., Luxemburg	BEA Union Investment Management Ltd.*, Hongkong

* Joint Venture 49 Prozent

Aufgrund der breiten Aufstellung und in Gänze guten Produktpalette der Union Asset Management Holding AG ist es gelungen in diesem Jahr zur „Fondsgesellschaft der Dekade" seitens des Investoren-Magazins „Capital" gekürt zu werden. Diese Auszeichnung bringt der Gesellschaft einen Reputationsvorteil gegenüber anderen Marktteilnehmern und macht es den angebundenen VR-Banken schwerer auf „Fremdfonds" auszuweichen, die ggf. nicht über die gleiche positive Öffentlichkeitswahrnehmung verfügen und ähnliche Auszeichnungen in der Vergangenheit erhalten haben. So hat es die Union Investment Gruppe geschafft, im Gegensatz zur öffentlich-rechtlichen Deka-Gruppe, den Rückgang der AuM im Jahr 2011 gering zu halten. Ein wesentlicher Faktor für eine stabile AuM-Basis kommt innerhalb der Union-Gruppe auch der Altersvorsorgethematik zugute. Im Segment der fondsbasierten Riester-Renten liegt die Union Investment zusammen mit der DWS Investments unangefochten an der Spitze und generiert mit ihrem Produkt, der sog. „UniProfRente", kontinuierliche jährliche Nettomittelzuflüsse im mehrstelligen Millionenbereich[50]. Der starke genossenschaftliche Verbund (über die flächendeckend vorhandenen Volks- und Raiffeisenbanken) wird auch zukünftig der Union-Gruppe eine stabile AuM-Basis schaffen und ihre Stellung unter den vier größten Investmentgesellschaften in Deutschland weiter etablieren. Um die kontinuierlichen Inflows aus „Riesterverträgen" abzuschätzen gibt die nachfolgende Grafik einen Überblick über die platzierten Verträge der letzten fünf Jahre.

---

[49] Quelle: Union Asset Management Holding AG, abgerufen unter http://unternehmen.union-investment.de/-snm-0184282429-1330875687-060b200000-0000000000-1330876385-enm-Unternehmen/UMH/Unternehmensprofil/Struktur/index.html?nm_caller=nav am 04.03.2012.
[50] Die „UniProfirente" wurde seitens der Union Investments im Zuge der Einführung von Riestersparverträgen als Altersvorsorgeprodukt aufgelegt und zählt neben der „DWS Riesterrente" zu den Marktführern unter den fondsbasierten Riesterlösungen. Quelle: Union Investments und DWS Investments.

Abbildung 8: „Riester-Verträge in Investmentfonds in Deutschland (2007 bis 2011)[51]"

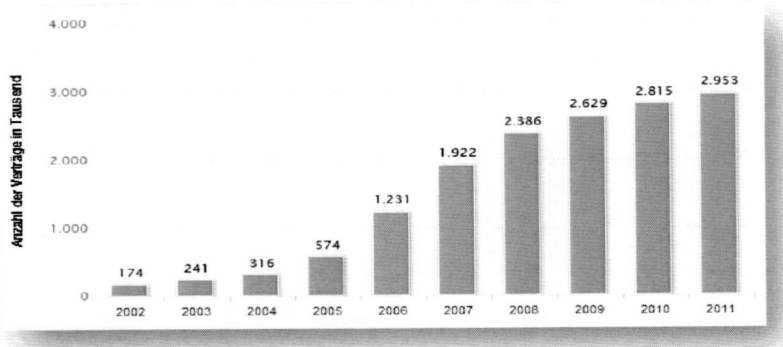

3.2.2 Ausländische Anbieter – „Die Etablierten"

Bei den ausländischen Fondsanbietern im deutschen Markt ist neben BlackRock als der weltgrößten Asset-Management-Gesellschaft auch Pioneer Investments, Franklin Templeton Investments, J.P. Morgan Asset Management und Fidelity Investments zu nennen. Pioneer Investments trat 1969 als erste ausländische Investmentgesellschaft an den deutschen Markt gefolgt von Flemings und Mercury, die später in J.P. Morgan Asset Management bzw. Merrill Lynch Investment Managers (wurden im Jahr 2006 von BlackRock übernommen) aufgingen. Besonders zu erwähnen sind dabei Franklin Templeton und Fidelity Investments, die mit ihren Flaggschiff-Fonds *Templeton Growth Fund*[52] (heute noch abgekürzt mit „TGF" bei langjährigen Investmentfondsvermittlern) und *Fidelity European Growth*[53] einen sehr hohen Bekanntheitsgrad in Deutschland erreicht haben. Nachfolgend werden die genannten Gesellschaften kurz vorgestellt und deren Stellung am deutschen Fondsmarkt, aber auch im internationalen Kontext, beleuchtet.

---

[51] Quelle: BVI, Erhebungszeitraum: 31.03.2007 bis 31.03.2011, veröffentlicht im Mai 2011, Darstellung: entnommen aus www.statista.com.

[52] Der "Templeton Growth Fund, Inc." wurde am 29. November 1954 unter der WKN: 971025 aufgelegt und weist zum 29.02.2012 ein Fondsvermögen von 15.769,4 Mio. US-Dollar (nur US-Dollar-Tranche) auf. Die auf Euro lautende Anteilsklasse wurde am 09. August 2000 unter der WKN: 941034 emittiert und verfügt über ein Fondsvermögen von 4.809,9 Mio. Euro per 29.02.2012. Datenquellen der Fonds über die Unternehmenswebsite: http://www.franklintempleton.de/de/index.jsp?url=/unsere_fonds/factsheets/0147_i_de_de (USD-Tranche) und http://www.franklintempleton.de/de/index.jsp?url=/unsere_fonds/factsheets/0793_i_de_de (Euro-Tranche), abgerufen am 02.04.2012.

[53] Der "Fidelity Funds - European Growth Fund A (EUR)" wurde am 30.09.1990 unter der WKN: 973270 aufgelegt und weist zum 29.02.2012 ein Fondsvermögen von 7.116,0 Mio. Euro auf. Quelle: https://www.fidelity.de/anleger/fonds/fonds-detailansicht.page?ISIN=LU0048578792#/, abgerufen am 02.04.2012.

BlackRock[54]

BlackRock ist gemessen am verwalteten Vermögen von 3,66 Billionen USD (Stand: Juni 2011) die weltgrößte Investmentgesellschaft. Dabei agiert die Firma vom Hauptsitz New York aus mit diversen ausländischen Standorten und beschäftig weltweit rund 9700 Mitarbeiter. Das Unternehmen entstand 1988 aus einem Management Buy-out der Blackstone-Gruppe und ging 1999 an die Börse. An die Weltspitze im Bereich Asset Management brachte es BlackRock v.a. durch die Übernahme von Merrill Lynch Investment Managers, der Asset Management-Sparte von Merrill Lynch, im September 2006 und entscheidend durch die Übernahme von Barclays Global Investors (BGI), die über ihre iShares-Plattform globaler Marktführer bei passiven Investmentlösungen sind. Neben dem Zubau passiver Investmentlösungen ist das starke Netzwerk über 26 globale Niederlassungen für BlackRock ein wesentlicher Qualitätsbestandteil, der aus Sicht des Unternehmens den entscheidenden Vorteil für die, in die Fondslösungen des Hauses investierenden, Anleger darstellt. Als sog. „Full-Sortimenter" liefert BlackRock für alle Anlageklassen Investmentlösungen und hat sich neben dem institutionellen Geschäft, das sehr stark über die passiven Produkte abgedeckt wird, im Publikumsfondsvertrieb auf die Expertise im Rohstoffbereich fokussiert. Bereits Anfang des Jahrtausends wurde durch Merrill Lynch vertrieblich fast ausschließlich auf den „Megatrend Rohstoffe" und schlußfolgernd die bevorstehende Rohstoffknappheit abgezielt und ergänzend dazu die Investmentthemen Gold und Energie fokussiert[55]. Das führte dazu, daß mit den Fonds *BGF World Mining*[56], *BGF World Gold*[57] und *BGF New Energy*[58] regelrechte „Blockbuster" im Retail-Vertrieb entstanden sind. Über diese Produktfamilie wurde insbesondere der Publikumsvertrieb in Deutschland einer breiten Öffentlichkeit bekannt. Ein wesentlicher Bestandteil der Firmenphilosophie beseht darin als konzernunabhängiger Fondsanbieter privaten und institutionellen Kunden Anlagelösungen zu bieten, die neben aktiven Investmentansätzen auch passiv gemanagete Varianten beinhalten und somit dem Kunden die Komplettlösung aus einem Haus offerieren können. Für die Entwicklung des Deutschlandgeschäfts von BlackRock muß festgehalten werden, daß v.a. der Absatz bei passiven Invest-

---

[54] Quelle: Unternehmensdaten wurden der deutschen Website von BlackRock Investments unter http://www.blackrockinvestments.de/AboutUs/Overview/index.htm entnommen und am 06.03.2012 abgerufen.
[55] Vgl. hierzu auch Schulz, Bettina, „Fusionsgespräche im Minensektor schüren Optimismus", in FAZ vom 04.02.2012, abgerufen am 04.04.2012 unter http://www.faz.net/aktuell/finanzen/aktien/glencore-und-xstrata-fusionsgespraeche-im-minensektor-schueren-optimismus-11637042.html.
[56] Der "BGF World Mining Fund" wurde am 24. März 1997 unter der WKN: 986932 aufgelegt und weist zum 31.01.2012 ein Fondsvermögen von 13.859,5 Mio. US-Dollar auf. Quelle: BlackRock.
[57] Der "BGF World Gold Fund" wurde am 30. Dezember 1994 unter der WKN: 974119 aufgelegt und weist zum 31.01.2012 ein Fondsvermögen von 7.979,6 Mio. US-Dollar auf. Quelle: BlackRock.
[58] Der "BGF New Energy Fund" wurde am 06. April 2001 unter der WKN: 630940 aufgelegt und weist zum 31.01.2012 ein Fondsvermögen von 1.730,8 Mio. US-Dollar auf. Quelle: BlackRock.

mentlösungen wie ETFs[59] für das Wachstum verantwortlich war[60]. Im Gegensatz dazu unterliegt das Geschäft mit Publikumsfonds – aufgrund seiner Ausrichtung auf eher aktienlastigen und deshalb volatileren Fonds – deutlich zyklischeren Schwankungen. Das hat dazu geführt, daß die Gesellschaft seit Ende 2008 angefangen hat auch Mischfonds wie den *BGF Global Allocation Fund*[61] oder Absolute-Return-Fonds wie den *BSF European Absolute Return Fund*[62] im Endkundenvertrieb stärker zu fokussieren. Insgesamt muß der Gesellschaft aufgrund ihrer breiten Aufstellung und ihres frühen Zubaus von passiven Investmentlösungen (v.a. für institutionelle Investoren) auch zukünftig innerhalb der deutschen Fondsindustrie eine wesentliche Rolle zugebilligt werden. Selbst, wenn die Gesellschaft nicht über eigene Verbundvertriebe verfügt, so ist es ihr dennoch gelungen mit allen entscheidenden Absatzkanälen, sowohl über Banken und Sparkassen wie auch im Bereich der freien Vertriebe, Vertriebskooperationen aufzubauen. Entscheidend war dabei, daß das Brand der „weltgrößten Investmentgesellschaft" bei den Kooperationspartnern sehr positiv belegt ist und auch bei privaten wie institutionellen Investoren über eine gute Reputation verfügt.

Franklin Templeton Investments[63]

Die amerikanische Investmentgesellschaft Franklin Templeton Investments vereint unter ihrem Dach mit Franklin, Templeton und Mutual Series drei verschiedene Investmentmarken und hat Ihre Ursprünge aus den Jahren 1947 (Franklin) und 1940 (Templeton). Dabei hat die Gesellschaft eine lang andauernde Tradition, die wesentlich mit dem amerikanischen Naturwissenschaftler und Politiker Benjamin Franklin verbunden ist. Die Fusion der Gesellschaft mit der von Sir John Templeton gegründeten Templeton Investments im Jahre 1992 führte zur heutigen Struktur des Unternehmens unter der Firmierung Franklin Templeton Investments.

Franklin Templeton Investments war eine der ersten ausländischen Investmentgesellschaften in Deutschland und gründete 1992 eine Niederlassung in Frankfurt am Main. Aktuell verwaltet der deutsche Ableger mit rund 160 Mitarbeitern nahezu 19 Mrd. USD (per 31.12.2011)

---

[59] Ein *Exchange Traded Fund* ist ein Investmentfonds, der an der Börse gehandelt wird. ETFs werden meist passiv verwaltet und bilden dabei einen zugrundeliegenden Index ab. Quelle: FINANZNACHRICHTEN lesen – verstehen – nutzen, S.732.
[60] Vgl. hierzu auch von Gertringen, Hiller: „Franklin Templeton – ergeizige Pläne in Deutschland", in FAZ vom 28.03.2012, abgerufen am 04.04.2012 unter http://www.faz.net/aktuell/finanzen/fonds-mehr/franklin-templeton-ehrgeizige-plaene-in-deutschland-11700793.html (Bezug auf das Wachstum von Blackrock im ETF-Segment).
[61] Der "BGF Global Allocation Fund" wurde am 03. Januar 1997 unter der WKN: 987142 aufgelegt und weist zum 31.01.2012 ein Fondsvermögen von 13.883,1 Mio. US-Dollar auf. Quelle: BlackRock.
[62] Der "BSF European Absolute Return Fund" wurde am 27. Februar 2009 unter der WKN: A0RLB7 aufgelegt und weist zum 29.02.2012 ein Fondsvermögen von 250,3 Mio. Euro auf. Quelle: BlackRock.
[63] Quelle: Unternehmensdaten zur Franklin Templeton Gruppe wurden der deutschen Website des Unternehmens unter http://www.franklintempleton.de/de/index.jsp?url=/unternehmen/franklin_templeton_weltweit entnommen und am 06.03.2012 abgerufen.

deutscher Anlegergelder. Insbesondere durch den populären *Templeton Growth Fund* (TGF) entstand vertrieblich eine fast schon emotionale Bindung vieler Finanzintermediäre zum Investmenthaus. Charismatische Fondsmanager wie Mark Holowesko oder Dr. Mark Mobius[64] hatten Mitte der 1990er Jahre und zur Jahrtausendwende über Veranstaltungreihen (teilweise sogar vor bis zu 500 Privatkunden[65]) einen enormen Bekanntheitsgrad und nahezu „Kultstatus" erreicht. Auf diesem „Brand" basierte in den nachfolgenden Jahren eine sehr starke Verbundenheit von Kunden und Finanzdienstleistungsvermittlern zum Investmenthaus Franklin Templeton – auch in Phasen (deutlich) schwächerer Performance. Mit dem *Templeton Global Bond Fund* wurde ein Rentenfonds lanciert, der insbesondere in den Nachkrisenjahren 2009 und 2010 enorme Absatzerfolge erzielte (siehe hierzu auch **Abbildung Nr. 22**) und von der andauernden Performanceschwäche des Aktienproduktes ablenken konnte. Auch in 2011 konnte die Gruppe weitere Absatzzuwächse über diesen globalen Rentenfonds, aber auch über ihre starke Asien- und Emerging-Market-Palette erziehlen. Franklin Templeton gilt innerhalb der deutschen Fondsindustrie als ein etablierter Anbieter und hat sich über die letzten 20 Jahre seit Markteintritt sehr fest in allen Vertriebsstrukturen verankern können. So bestehen mit Banken und Sparkassen, aber auch mit freien Vermittlern (über Poolgesellschaften) langjährige Partnerschaften. Unbestreitbar ist auch, daß das etablierte Brand der Gesellschaft den Absatz „erleichtert" und die verwalteten AuM stabilisiert. Zukünftig ist aufgrund der durchweg guten Fondspalette, deren Breite an Anlageklassen sowie den vorhandenen Vertriebspartnerschaften davon auszugehen, daß Franklin Templeton seine Marktstellung weiter festigen und wahrscheinlich noch ausbauen kann[66].

J.P. Morgan Asset Management[67]

J.P. Morgan Asset Management gehört neben BlackRock, Franklin Templeton, Fidelity und Pioneer Investments zu den größten ausländischen Fondsanbietern innerhalb der deutschen Fondsindustrie. Dabei ist die Gesellschaft bereits seit 1989 am deutschen Markt aktiv und verwaltet per 30.06.2011 AuM in Höhe von 15 Mrd. US-Dollar für private und institutionelle

---

[64] Dr. Mark Mobius ist seit 1987 bei der Franklin Templeton Gruppe und Vorsitzender der Templeton Emerging Market Fund Inc., die für die gesamte Schwellenländerexpertise des Hauses verantwortlich zeichnet. Quelle: Lebenslauf von Dr. Mark Mobius, abgerufen am 04.04.2012 unter folgendem Weblink des Unternehmens: http://www.franklintempleton.de/de/index.jsp?url=/top_nav/presse/galerie.

[65] Angaben des größten deutschen bankenunabhängigen Einzelintermediärs, der Stansch Kapitalmanagement und Service GmbH (aus Rinteln-Steinbergen), die seit 1984 am Markt aktiv ist und von 1995 bis 2005 mehrere Veranstaltungsreihen zusammen mit Franklin Templeton (und Endkunden) durchgeführt hat. Quelle zu den einzelnen Veranstaltungen unter http://www.stansch.de/kapitalmanagement/unternehmen/meilensteine/ am 04.04.2012 abgerufen.

[66] Vgl. hierzu auch von Gertringen, Hiller: „Franklin Templeton – ergeizige Pläne in Deutschland", in FAZ vom 28.03.2012, abgerufen am 04.04.2012 unter http://www.faz.net/aktuell/finanzen/fonds-mehr/franklin-templeton-ehrgeizige-plaene-in-deutschland-11700793.html.

[67] Vgl. Unternehmensporträt der Gesellschaft abgerufen unter http://www.jpmam.de/DEU/Unsere_Geschichte am 04.04.2012.

Investoren (Daten werden allerdings nicht über den BVI offiziell veröffentlicht). Die Deutschland-Tochter kann dabei auf die Expertise der gesamten Asset-Management-Gruppe zurückgreifen, die global mehr als 1,3 Billionen US-Dollar (Stand 30.06.2011) an Investorengelder verwaltet. Deren Ursprünge gehen bis auf das Jahr 1838 mit Gründung der Mutter, der J.P. Morgan Bank, als sog. Merchant Bank zurück. J.P. Morgan als globaler Vermögensverwalter verfügt damit über mehr als 130 Jahre an Investmenterfahrung und gehört zu den weltweit etabliertesten Häusern gemessen an den verwalteten AuM. Im deutschen Markt gilt das Haus als „Full-Sortimenter", der über ein breites Angebot von mehr als 160 Publikumsfonds und institutionelle Mandate in allen Asset Klassen verfügt. Aufgrund der langjährigen Präsenz am deutschen Markt bestehen seit Jahren auch gewachsene Vertriebspartnerschaften zu Bankvertriebskanälen wie auch innerhalb der freien Vertriebe, so daß auch ohne eigenes Filialnetz (wie es durch die Chase Bank[68] in den USA vorhanden ist) eine flächendeckende Absatzstruktur gegeben ist. Allerdings haben in den letzten Jahren Fehler bei der Fokusstrategie (Europafonds wurden während der Euro-Schuldenkrise in den Vordergrund gestellt sowie das Aufstellen einer Emerging-Marktet-Kampagne in 2011 während diese Märkte eine Underperformance aufwiesen) zu deutlichen Rückgaben geführt und die verwalteten AuM zurückgehen lassen[69]. Insgesamt muß festgehalten werden, daß die Gesellschaft – aufgrund der breiten und teilweise unübersichtlichen Fondspalette sowie der wenig vertriebsorientierten Außendarstellung von J.P. Morgan Asset Management in Deutschland – an Marktanteilen verloren hat (siehe hierzu auch **Abbildung Nr.21**). Die parallel dazu vorhandene Performance-Schwäche ehemaliger „Blockbuster" wie dem *JPMorgan Funds Europe Strategic Value Fund*[70] haben den Vertrauensverlust bei den Intermediären, sowohl bankseitig wie auch auf Seiten der freien Vertriebe, verstärkt und das Haus für zukünftige Absätze ins Hintertreffen gebracht. Zukünftig entscheidend wird sein, daß eine Ausrichtung auf wenige, performancestarke und mit einer „Vertriebsstory" versehbare Produkte erfolgt, die das Vertrauen der Absatzmittler zurückbringt und die AuM-Basis stabilisiert. Final ist J.P. Morgan Asset Management innerhalb der Riege der „großen Ausländer" aktuell vertrieblich am schwächsten aufgestellt und muß sich in den kommenden Jahren deshalb neu positionieren.

---

[68] J.P. Morgan Chase ist der Universalbank-Arm der J.P. Morgan Gruppe und stieg nach der Finanzkrise zur größten amerikanischen Bank auf. Quelle: http://www.spiegel.de/wirtschaft/0,1518,584622,00.html, abgerufen am 12.02.2012.
[69] Quelle: interne Marktrecherche von Carmignac Gestion Deutschland unter Intermediären und Kompetitoren.
[70] Der "JPMorgan Funds - Europe Strategic Value Fund" wurde am 14. Februar 2000 unter der WKN: 933913 aufgelegt und weist zum 29.02.2012 ein Fondsvermögen von 1.006,7 Mio. Euro auf. Quelle: J.P. Morgan Asset Management.

Pioneer Investments Kapitalanlagegesellschaft[71]

Pioneer Investments hat neben J.P. Morgan Asset Management die längste Historie der ausländischen Investmentgesellschaften am deutschen Fondsmarkt vorzuweisen. Mit Gründung der Muttergesellschaft im Jahre 1928 durch Philip L. Carret (damals Wirtschaftsjournalist des Wirtschaftsmagazins „Barron´s") als kleine Investmentboutique in Boston waren die Ursprünge auf die Verwaltung von Vermögen befreundeter Familien ausgerichtet und zunächst sehr überschaubar. Die Entwicklung der Gesellschaft war deshalb eher mit moderatem Wachstum versehen, so daß die Grenze von einer Mio. US-Dollar an AuM erst im Jahre 1951 überschritten wurde. Ein schnelleres Wachstum stellte sich im Zuge der Internationalisierung der Gesellschaft und dem Markteintritt in Italien im Jahre 1967 sowie in Deutschland im Jahr 1969 ein. Mit Aufnahme der Vertriebsaktivitäten in Deutschland war Pioneer Investments der erste ausländische Asset Manager innerhalb der deutschen Fondsindustrie. Dabei wurden die ersten Vertriebspartnerschaften mit freien Vertrieben und Poolgesellschaften bzw. deren Vorläufer geschlossen. Dr. Jung in Grünwald (bei München) war 1969 der erste „Pioneer-Vermittler" in Deutschland. Über seine Poolgemeinschaft, die heutige Jung, DMS und Cie. AG (siehe hierzu auch die Ausführungen in **Kapitel 5.1.4**), wurde die Pioneer-Fondspalette und der Flaggschiff-Fonds *Pioneer Fund*[72], in Deutschland bekannt. Noch heute besteht aus dieser Zeit eine enge Partnerschaft zwischen der Jung, DMS und Cie. AG und Pioneer Investments. Der Ausbau des Bankenvertriebs wurde nach Übernahme durch die UniCredit Gruppe im Jahr 2000 zunächst in Italien forciert und konnte sich in Deutschland mittels Übernahme der HypoVereinsbank Gruppe und deren angeschlossener Fondsgesellschaft Activest, die in der Pioneer Investments Kapitalanlagegesellschaft mbH aufging, etablieren. So ist der Deutschlandvertrieb von Pioneer Investments seit der Zeit neben dem freien Vermittlermarkt auch flächendeckend über den Bankvertrieb vertreten und wird v.a. durch das Filialnetz der HypoVereinsbank AG geprägt. Die Pioneer Investments Kapitalanlagegesellschaft mbH verwaltet in Deutschland per 31.12.2010 rund 11,35 Mrd. Euro und lt. Unternehmensangaben weltweit AuM in Höhe von 162 Mrd. Euro. Dabei ist die Gesellschaft in 27 Ländern vertreten und beschäftigt rund 2000 Mitarbeiter. Mit Blick auf die Entwicklung in Deutschland ist festzuhalten, das Pioneer Investments sehr stark von seinem ursprünglichen Marktvorteil des „First-Movers" in Deutschland eingebüßt hat. Ursächlich dafür ist neben der

---

[71] Quellen: Angaben zu Pioneer Investments Kapitalanlagegesellschaft, UniCredit Gruppe sowie Pioneer Global Asset Management wurden unter der folgenden Website des Unternehmens am 04.04.2012 abgerufen: http://www.pioneerinvestments.com/company/history.html.

[72] Der "Pioneer Fund" wurde am 13. Februar 1928 unter der US-Registrierungsnummer CUSIP (A-Anteilsklasse) 723682100 aufgelegt und weist zum 31.12.2011 ein Fondsvermögen von 6.185,2 Mio. US-Dollar auf. Quelle: Pioneer Investments.

seit Jahren schwachperformanden Fondspalette auch eine hohe Fluktuation der Vertriebsmannschaft, so daß in den letzten Jahren keine langjährigen Kundenbeziehungen aufgebaut werden konnten und sich die Intermediäre von der Gesellschaft abgewandt haben. Vergleicht man, aufgrund ihrer beiderseitig langjährigen Präsenz am deutschen Fondsmarkt, Pioneer Investments mit Franklin Templeton so wird augenscheinlich, daß sich beide Gesellschaften nahezu konträr zueinander entwickelt haben. Dabei liegt Pioneer Investments aktuell deutlich hinter Franklin Templeton zurück und verfügt über einen wesentlich geringeren Marktanteil (siehe hierzu auch **Abbildung Nr.5**). Die negative Entwicklung der Gesellschaft auch auf globaler Ebene hat 2011 dazu geführt, daß die Konzernmutter, die UniCredit Gruppe, einen Verkaufsprozess für Pioneer Investments initiiert hat, der nach monatelangen Verhandlungen mit potentiellen Investoren dann aber doch ergebnislos abgebrochen wurde und die Gesellschaft im Konzern verblieb. Diese Unsicherheit über die Zukunft als Asset Manager führte im Nachgang zu einem erheblichen Abfluß von Kundengeldern und einem Reputationsschaden, von dem sich die Gesellschaft bislang noch nicht wieder erholt hat. Abschließend bleibt festzuhalten, daß sich Pioneer Investments zunächst wieder das Vertrauen der Investoren und Intermediäre „erarbeiten" muss, um seinen Platz auf deutscher, wie auch auf internationaler, Ebene zu finden und sich neu zu etablieren[73].

Fidelity Worldwide Investments[74]

Die Ursprünge von Fidelity Investments in Deutschland gehen auf die, 1946 in Boston gegründete, Muttergesellschaft zurück. Nach Gründung von Fidelity Investments, die sich für die Regionen Nord- sowie Latainamerika verantwortlich zeichnet, wurde für die außeramerikanischen Aktivitäten 1969 Fidelity Woldwide Investments gegründet. Unter dem Dach Fidelity Worldwide Investments wurde 1992 eine deutsche Niederlassung in Frankfurt am Main installiert, die seit 2003 ihren Sitz in Kronberg (Taunus) bei Frankfurt eingenommen hat. Sowohl Fidelity Investments wie auch Fidelity Worldwide Investments sind unabhängige Firmen im Privatbesitz der Gründerfamilie Johnson und langjähriger Mitarbeiter. Weltweit gehört Fidelity (Fidelity Investments und Fidelity Worldwide Investments zusammengenommen) zu den größten Investmentgesellschaften der Welt und belegt in Deutschland mit rund 10 Mrd. Euro verwaltetem Vermögen Rang 10 innerhalb der nationalen Fondsindustrie (siehe hierzu auch **Abbildung Nr.5**). Fidelity Investments hat sich in den letzten Jahren dabei als ein wesentlicher Marktteilnehmer etablieren können. Insbesondere durch das bundesweit bekann-

---

[73] Vgl. hierzu auch *„Pioneer-Fonds stemmen sich gegen schlechte Leistung und Personalabgänge"* in Handelsblatt Nr. 204 vom 21.10.2011, S.46.
[74] Quelle: Unternehmensangaben wurden der deutschen Unternehmenswebsite von Fidelity International unter https://www.fidelity.de/anleger/ueber-fidelity/unternehmensportraet/default.page?smid=gk0cvgzb entnommen und am 12.02.2012 abgerufen.

te Flaggschiff, den *Fidelity European Growth Fund*[75], der zwischenzeitlich ein Fondsvermögen von mehr als 25 Mrd. Euro aufweisen konnte, hat sich die Gesellschaft ein Brand geschaffen, daß sie in alle Vertriebskanäle hat einbrechen lassen. Allerdings ist aufgrund der mehrjährigen Performance-Schwäche des Fonds auch deutlich geworden, wie sehr die Entwicklung der Gesellschaft an diesem Produkt hängt und wie abhängig die AuM-Basis bei einem derartigen „Klumpenrisiko" ist (temporär stellten die im *Fidelity European Growth Fund* gehaltenen Assets rund 90 % der gesamten deutschen AuM dar[76]). Seit Beginn der Underperformance-Phase hat die Gesellschaft deshalb massiv mit Abflüssen zu kämpfen und versucht mit der Platzierung neuer Produkte wie bspw. dem *Fidelity China Consumer Fund*[77] gegenzusteuern. Allerdings ist zu beobachten, daß der vorhandene Vertrauensverlust, in ähnlicher Weise wie bei J.P. Morgan Asset Management, bei den Intermediären weiterhin vorhanden ist und eine Platzierung neuer Produkte deutlich erschwert. Insgesamt verfügt Fidelity Investments über eine flächendeckende Absatzstruktur und kann bei einer Neuausrichtung auf Kernprodukte mit guter Wertentwicklung und einer veritablen „Verkaufsstory" in den Markt zurückfinden. Neben J.P. Morgan Asset Management ist aber auch Fidelity Investments von den großen ausländischen Investmentgesellschaften aktuell – im Hinblick auf das Erzielen von weiteren AuM – am schwächsten im Markt aufgestellt.

3.2.3 Kleine Anbieter und Fondsboutiquen – „Die Underdogs"

Unter Betrachtung der Absatzzahlen von Publikumsfonds zeigt sich seit 2009 eine deutliche Verschiebung von großen Investmentgesellschaften zu kleinen konzernunabhängigen Investmentboutiquen. Dabei spielt der Retail-Vertriebskanal über Publikumsfonds eine entscheidende Rolle. Nachfolgend werden die Fondsboutiquen vorgestellt, die ihren Markteintritt in Deutschland innerhalb der letzten 3 bis 5 Jahre geschafft haben und sich aktuell in einer Etablierungsphase befinden.

---

[75] Der " Fidelity Funds - European Growth Fund A" wurde am 30. September 1990 unter der WKN: 973270 aufgelegt und weist zum 29.02.2012 ein Fondsvermögen von 7.116,0 Mio. Euro auf. Quelle: Fidelity.
[76] Quelle: interne Angaben von Fidelity Investments auf Nachfrage (unveröffentlicht), 15. Februar 2012.
[77] Der " Fidelity Funds – China Consumer Fund A" wurde am 23. Februar 2011 unter der WKN: A1JH3J aufgelegt und weist zum 29.02.2012 ein Fondsvermögen von 311,0 Mio. Euro auf. Quelle: Fidelity.

Carmignac Gestion[78]

Carmignac Gestion, die 1989 durch Edouard Carmignac gegründete Investmentboutique aus Paris, darf wohl zu Recht als die erfolgreichste Asset Management Gesellschaft der letzten 3 Jahre bezeichnet werden. Die am Place Vendome in Paris beheimatete Fondsgesellschaft zeichnet sich seit Auflegung ihrer ersten Investmentfonds, dem Carmignac Investissement (globaler Aktienfonds), Carmignac Sécurité (Euro-Renten-Kurzläufer) und dem Carmignac Court Therme (Geldmarktfonds) durch eine besonders aktiven und insbesondere benchmarkfreien Investmentstil aus. Mit dem bereits im November 1989 aufgelegten Mischfonds *Carmignac Patrimoine* (siehe hierzu auch **Abbildung Nr. 33** im Anhang) wurde die Gesellschaft international bekannt und verzeichnete in diesem Produkt auch das stärkste Wachstum an AuM. Unter Betrachtung der, mit diesem Management-Ansatz erzielten Investmentergebnisse, wurde neben dem Heimatmarkt Frankreich im Jahr 2000 die internationale Expansion vorangetrieben. Zunächst wurde am Finanzplatz Luxemburg eine internationale Vertriebszentrale eingerichtet, die für die Auslandsaktivitäten und Fondszulassungen außerhalb Frankreichs fungierte. Inzwischen wurden Niederlassungen in Italien (Mailand), Spanien (Madrid), Großbritanien (London) und Deutschland (Frankfurt am Main) gegründet. Die stärksten Absätze wurden dabei seit 2008 in Italien und Deutschland generiert, wo per 31.12.2011 AuM von 15 Mrd. respektive 8 Mrd. Euro (bei vorrangig Retailkunden) gehalten werden[79]. Über alle 11 Vertriebsländer werden international zum 31.01.2012 rund 46 Mrd. Euro verwaltet. Das massive Wachstum, insbesondere seit Ende 2008, hat die Gesellschaft dabei mehrheitlich mit dem „Verkaufsschlager" *Carmigac Patrimoine* (siehe hierzu auch **Abbildung Nr.22**) erzielt. Der Fonds konnte in der Zeit sein Fondsvolumen von 5.142,0 Mio Euro (per 31.12.2008) auf 25.648,5 Mio. Euro (per 31.03.2012)[80] ausweiten. Erheblichen Anteil an dieser Entwicklung hatte dabei die positive Wertentwicklung des Fonds für das Gesamtjahr 2008. Im Krisenjahr konnte der Fonds eine Rendite von 0,01 % erzielen und lag damit vor allen Mitbewerbern, die nach dem „Lehman-Kollaps" deutliche Performance-Rückgänge hinnehmen mußten. Durch diesen massiven Vertrauenszuspruch der Investoren konnte die Gesellschaft Ihre insgesamt verwalteten AuM von 12.604 Mio. Euro Ende 2008 auf aktuell 48.720 Mio. Euro steigern[81].

---

[78] Quelle: Unternehmensangaben wurden der Website entnommen. Teile beziehen sich auf interne Informationen des Unternehmens, die dem Verfasser aufgrund seiner Tätigkeit (als Vertriebsverantwortlicher) für die Geselleschaft vorliegen. Quellen der öffentlich zugänglichen Informationen wurden am 04.04.2012 unter http://extranet.carmignac.com/Extranet/ExtranetTemplates/HomePageTemplate.aspx?PageId=100&q=650 abgerufen.
[79] Quelle: interne Quelle, Carmignac Gestion Deutschland GmbH (nicht veröffentlicht).
[80] Quelle: interne Quelle, Carmignac Gestion Deutschland GmbH (nicht veröffentlicht).
[81] Ebenda.

Flossbach von Storch AG[82]

Die Flossbach von Storch AG mit Sitz in Köln hat ihre Ursprünge in der klassischen Vermögensverwaltung für vermögende Privatkunden sowie Family-Office-Dienstleistungen für große Familienvermögen. Die Gründung im Jahre 1998 durch die Gründungsgesellschafter Dr. Bert Flossbach und Kurt von Storch. Mit Auflage der ersten Publikumsfonds wurde ein weiteres Geschäftsfeld erschlossen, daß insbesondere einen Zugang zu Retailkunden ermöglichen sollte. Dabei wurde mit Einkauf des Vertriebsvorstandes Dirk von Welsen im Jahr 2008 auf den Aufbau einer Vertriebsmannschaft für die Vertriebskanäle im IFA-Sektor sowie mittelständischer Banken, im Segment der Volks- und Raiffeisenbanken sowie Sparkassen, gesetzt. Im Jahr 2011 war die Flossbach von Storch AG im Retailsegment die am stärksten wachsende Fondsgesellschaft (siehe hierzu auch **Abbildung Nr. 21 und 31**). Insbesondere mit dem Flaggschiff-Produkt, dem *Flossbach von Storch Multiple Opportunities*[83], wurde im Januar 2012 die Millardengrenze überschritten und der Fonds weist per 11.04.2012 ein Fondsvolumen von 1.370 Mio. Euro auf. Im Vergleich dazu hatte das Fondsvolumen zum 31. Juli 2011 noch 336 Mio. Euro betragen[84]. Unter Betrachtung der in allen Geschäftsbereichen verwalteten Gelder bei Flossbach von Storch, von insgesamt rund 5 Mrd. Euro[85], wird augenscheinlich, welchen Stellenwert das Fondsgeschäft inzwischen eingenommen hat. Aktuell werden in allen Fonds rund 2,6 Mrd. Euro verwaltet, was mehr als 50 % der gesamten AuM bedeutet. Verstärkt wurde der Absatzerfolg mit der Auszeichnung zum „Fondsmanager des Jahres 2012" für Dr. Bert Flossbach durch das „Finanzen-Euro-Magazin". So führt Flossbach von Storch die Hitlisten der Poolgesellschaften an und ist auch in den Performancelisten der Wirtschaftspresse weit vorne zu finden (siehe hierzu auch die **Abbildungen Nr. 30 und 31**). Damit ist die Gesellschaft auf einem guten Weg, neben Carmignac Gestion, ein wesentlicher Marktteilnehmer (bei den Fondsboutiquen) innerhalb der deutschen Fondsindustrie zu werden.

---

[82] Quelle: Unternehmensangaben wurden unter http://www.fvsag.com/unternehmen/ am 04.04.2012 abgerufen.
[83] Der Flossbach von Storch Multiple Opportunities R wurde am 27.10.2007 unter der WKN: A0M430 aufgelegt und weist zum 11.04.2012 ein Fondsvermögen von 1.370 Mio. Euro auf. Daten wurden unter http://fvs.factsheetslive.com/portrait.php?isin=LU0323578657 am 12.04.2012 abgerufen.
[84] Quelle: Flossbach von Storch AG, Fondsfactsheet per 31.07.2011.
[85] Quelle: Flossbach von Storch AG.

ETHENEA Independent Investors[86]

ETHENEA, bekannt mit Ihrem Flaggschifffonds, dem *Ethna Aktiv E*[87], ist seit 2008 neben Carmignac Gestion die Fondsboutique am deutschen Markt, die bezogen auf die AuM-Entwicklung am stärksten an Bedeutung gewonnen hat. Erst Ende 2011 wurde ETHENEA durch Flossbach von Storch vertrieblich etwas verdrängt. Die Gründung der Gesellschaft geht auf die Auflage des ersten Publikumsfonds, den *Ethna Aktiv E*, am 15.02.2002 durch die Firmengründer Luca Pesarini und Arnoldo Valsangiacomo zurück. Im Jahr 2008 kam mit Guido Barthels ein weiterer Fondsmanager hinzu, der das Fondsmanagement auf der festverzinslichen Seite komplettierte. Die Gesellschaft verwaltet mit 40 Mitarbeitern zum 31.03.2012 mehr als 3 Mrd. Euro AuM und ist dabei neben Deutschland auch international in der Schweiz, Österreich, Belgien, Niederlande sowie in Italien vertreten. Da sich die Gesellschaft auf Expansionskurs befindet und vorhandene Vertriebskanäle verstetigt ist davon auszugehen, daß ETHENEA auch zukünftig eine wesentliche Rolle innerhalb der deutschen Fondsbranche spielen wird. Elementar ist dabei, daß die Wertentwicklung der veralteteten Fonds konstant bleibt und keine Mitbewerber aus dem Fondsboutiquen-Segment in die Vertriebskanäle von ETHENEA einbrechen. Wie stark sich das Haus bereits im Markt verfestigt hat zeigt die unter Finanzintermediären durchgeführte Umfrage, welche Fondsgesellschaft mehrheitlich eingesetzt werden (siehe hierzu auch **Abbildung Nr. 21**, ETHENEA hatte insgesamt 56 Nennungen unter den Intermediären).

Dr. Jens Erhardt[88]

Die Dr. Jens Erhardt Gruppe (DJE) gilt als der Pionier unter den unabhängigen Vermögenswaltern in Deutschland. Die Firmengründung der Dr. Jens Ehrhardt Vermögensverwaltung im Jahr 1974 geht auf die Promotionsarbeit des Gründers Dr. Jens Ehrhardt zurück – das Thema der damaligen Dissertation "Kursbestimmungsfaktoren am Aktienmarkt unter besonderer Berücksichtigung monetärer Determinanten" prägt auch heute noch den Anlagestil. Nach zunächst ausschließlicher Fokussierung auf die individuelle Vermögensverwaltung wurde im Jahr 1987 mit dem *FMM Fonds*[89] der erste Publikumsfonds der Gruppe

---

[86] Quelle: Unternehmensangaben wurden unter http://www.ethnafunds.com/de/De%20fondsen/Ethna-AKTIV%20E%20%28A%29 am 04.04.2012 abgerufen.

[87] Der Ethna Aktiv E wurde am 15. Februar 2002 unter der WKN: 764930 aufgelegt und weist zum 31.03.2012 ein Fondsvolumen von 2.730 Mio. Euro auf. Die Fondsdaten wurden unter http://www.ethnafunds.com/de/De%20fondsen/Ethna-AKTIV%20E%20%28A%29 am 04.04.2012 abgerufen.

[88] Quelle: Daten basieren auf Informationen der DJE-Gruppe, die am 05.02.2012 der Unternehmenswebsite unter http://www.dje.de/DE_de/unternehmen/geschichte/ entnommen wurden.

[89] Der FMM-Fonds wurde am 17. August 1987 unter der WKN: 847811 aufgelegt und weist zum 29.02.2012 ein Fondsvolumen von 633,7 Mio. Euro auf. Die Daten wurden am 12.03.2012 unter http://www.dje.de/DE_de/fonds/fondsuebersicht/DE0008478116-FMM-Fonds/ abgerufen.

aufgelegt, der auch heute noch als das „Flaggschiff" der Gesellschaft gilt. 1995 folgte mit dem *ASTRA-Fonds* eine weitere Fondsauflage. Die Unternehmensgruppe mit Standorten in Deutschland, Luxemburg und der Schweiz beschäftigt zum 31.12.2011 rund 100 Mitarbeiter und hält AuM in Höhe von ca. 10. Mrd. Euro. Dabei werden neben dem Publikumsfondsgeschäft auch Dienstleistungen im Rahmen der individuellen (ab einem Anlagebetrag von 500.000 Euro) und fondsgebundenen Vermögensverwaltung (bereits ab 50.000 Euro) für Privatkunden angeboten. Komplettiert wird das Dienstleistungssortiment der Gruppe durch die eigene KAG in Luxemburg, der DJE Investment S.A., zur Auflage von Spezialfonds für institutionelle Mandate. Wesentliches Merkmal von DJE ist die unabhängige Eigentümerstruktur, die das Kundeninteresse in den Vordergrund stellt und die Gesellschaft v.a. bankenunabhängig agieren lässt. DJE hat sich seit seiner Gründung einen festen Platz innerhalb der deutschen Fondsindustrie erarbeitet, was durch die Ergebnisse der Intermediärbefragung im Rahmen dieses Buches untermauert wird (siehe hierzu auch **Abbildung Nr. 21**, insgesamt ergaben sich 10 Nennungen für die DJE Gruppe unter den befragten Intermediären).

Sauren Fonds-Service AG[90]

Die Sauren Gruppe ist wohl die bekannteste kleine Fondsboutique in Deutschland und mit verwalteten AuM von 2,2 Mrd. Euro (Stand: 31.12.2011) hat sie sich in diesem Bereich fest etabliert. Dabei gehen die Ursprünge der Gesellschaft auf die Gründung im Jahr 1991 durch den Eigentümer Eckhard Sauren zurück. Gründungsphilosophie war das Aufsetzen eines Researchprozesses zur Selektion der besten Fondsmanager am Markt für die Bestückung der hauseigenen Dachfonds. Dabei steht die Maxime „wir investieren nicht in Fonds, sondern in Fondsmanager" über der gesamten Managerauswahl. Die Fähigkeit – besonders in Ausnahmesituationen an den Märkten – zu überzeugen stellen ein wesentliches Kriterium dar. Bei der Durchsicht der Fondspalette fällt auf, daß häufig kleine Fondsboutiquen bei der Fondsmanagerauswahl bevorzugt eingesetzt werden. So ist neben der Qualität des Fondsmanagements auch die größe des Zielfonds entscheidend für dessen Selektion. Große Fonds werden – aufgrund ihrer häufig geringeren Flexibilität – nicht oder nur gering in die Dachfonds allokiert. Das Flaggschiff-Produkt der Sauren-Gruppe stellt der *Sauren Global Defensiv*[91] dar, der sehr stark innerhalb der genosseschaftlichen Bankengruppe abgesetzt wurde. Aufgrund seiner risikoaversern Ausrichtung wurde der Fonds auch bei den freien Vertrieben häufig als sog. Basisinvestment eingesetzt. Neben dem Dachfondsmanagement hat sich die Sauren Gruppe

---

[90] Quelle: Unternehmensangaben wurden unter http://www.sauren.de/unternehmensportrait.html am 02.04.2012 abgerufen.
[91] Der SAUREN Global Defensiv wurde am 27. Februar 2003 unter der WKN: 214466 und weist per 31.03.2012 ein Fondsvolumen von 1.245 Mio Euro auf. Daten zum Fonds wurden unter http://www.sauren.de/sgd.html#daten am 04.04.2012 abgerufen.

mit ihrem hauseigenen Research im Markt einen Namen gemacht. Dabei werden nach dem Research-Prozess sog. Medaillien vergeben, die Ausdruck darüber geben, welche Qualität der Fondsmanager aufweist. Zwischenzeitlich gilt es als „Ritterschlag" innerhalb der Fondsbranche mit Medaillien von Sauren ausgezeichnet zu sein, denn die Auszeichnung lässt sich unter Marketing-Aspekten sehr gut nutzen. Aufgrund der breiten Aufstellung der Gruppe, über Dachfondsmanagement und Research, ist davon ausgehen, daß sich die Gesellschaft im Markt auch zukünftig behaupten kann.

Banthleon Bank AG[92]

Die bankenunabhängige Investmentboutique Bantleon Bank AG wurde Ende 1991 durch Jörg Bantleon in Hannover gegründet und hat sich dabei auf das Management von sicherheitsorientierten Portfolios – mit Fokus im Anleihesegment – spezialisiert. Den Markteintritt hat die Gesellschaft dabei über das Depot-A[93] von Sparkassen und Genossenschaftsbanken vorgenommen, die zu den ersten Kunden des Hauses zählten. Mit Auflage des ertsen Publikumsfonds, dem *Bantleon Strategie* und *Bantleon Return* für institutionelle Kunden im Jahr 2000 wurde der Grundstein für die eigene Fondssparte gelegt. Die Gründungsfonds stellen damit die Flaggschiffe der Gesellschaft dar, sind mit sehr guten Ratings (der Ratingagentur Morningstar) ausgestattet und gehören zu den besten Anleihefonds in Deutschland. Im Juli 2009 wurden die beiden ursprünglich institutionellen Publikumsfonds (*Bantleon Return* und *Bantleon Strategie*) auch zum Vertrieb an Privatanleger zugelassen. Im Februar und September 2010 wurde das Angebot für private Investoren um den Anleihefonds *Bantleon Yield* und die beiden Aktien-Renten-Mischfonds (vermögensverwaltende Fonds) *Bantleon Opportunities S* sowie *Bantleon Opportunities L* erweitert. Der Vertrieb an Institutionelle erfolgt dabei direkt und der Fondsvertrieb an private Investoren über Vermögensverwalter, unabhängige Berater, Maklerpools oder Dachfondsmanager. In den Publikumsfonds für Privatanleger werden per 31.01.2012 rund 1,3 Mrd. Euro verwaltet. Insgesamt verwaltet die Gesellschaft mit 25 Mitarbeitern mehr als 5,1 Mrd. Euro[94] für deutsche, österreichische, spanische, italienische oder schweizerische Kunden. Dabei gehören auf institutioneller Seite neben Banken und Sparkassen auch Hypothekenbanken, Bausparkassen, Versicherungen sowie Versorgungswerke, Pensionskassen und DAX-Unternehmen zu den Kunden. Die Höhe der verwalteten AuM und die breite Diversifikation von institutionellen und privaten Kunden

---

[92] Die Informationen zur Unternehmensdarstellung der Gesellschaft wurden unter http://www.bantleon.com/de/ueber_uns/unternehmen am 03.03.2012 abgerufen.
[93] Unter Depot A versteht man das Eigendepot von Banken und institutionellen Investoren wie Versicherungsgesellschaften und Pensionsfonds oder auch Versorgungswerken, das zum Zwecke des Eigenmanagements von Anlagegeldern vorgehalten wird. Quelle: eigene Recherche.
[94] Quelle: Bantleon, Stand: 31.01.2012.

spricht für eine stabile Grundlage der Gesellschaft. Sie zeigt, daß sich Bantleon in 20 Jahren seit Bestehen einen festen und etablierten Platz im Segment der unabhängigen Investmentboutiquen, aber auch im deutschen Fondsmarkt insgesamt, erarbeitet hat. Allerdings ist die Gesellschaft dabei – im Gegensatz zu den vorgenannten Investmentboutiquen – weniger im Retailsegment, sondern vornehmlich im Bereich insitutioneller Kunden bekannt. Dies wird auch durch den nicht vorhandenen Bekanntheitsgrad der Gesellschaft wiedergespiegelt, der sich aus der durchgeführten Umfrage ergab (vgl. hierzu auch **Abbildung Nr. 21** – hier gab es unter den Intermediären keine Nennung für Bantleon).

3.2.4 Sonstige kleine Anbieter und „Nischenplayer"

Neben den schon deutlich bekannteren kleinen Investmentgesellschaften, die im vorangegangenen Kapitel vorgestellt wurden, gibt es noch eine Reihe von kleinen Investmentboutiquen, die sich teilweise auf dem Sprung zu einer größeren Bekanntheit befinden und denen das Potential zuzumessen ist, daß sie in Zukunft am deutschen Investmentfonds-Markt eine Rolle spielen werden. Nachfolgend wurden zwei Gesellschaften dargestellt, denen das größte Potential unter den sog. „Nischenplayern" zuzuordnen ist.

Mack & Weise GmbH[95]

Die Vermögensverwaltungsgesellschaft Mack & Weise wurde 1989 durch die beiden Namensgeber Herwig Mack und Martin Weise in Hamburg gegründet. Dabei fungiert das Unternehmen als bankenunabhängiges und eigentümergeführtes Haus. Ursprünglich wurde von den Gründern der Fokus auf die Verwaltung von Kundengeldern direkt über Wertpapierdepots gelegt. Im Jahr 2001 wurde das Geschäftsmodell dann um die Auflage eines Aktienfonds, dem *M&W Capital*, erweitert. 2006 ergänzte die Gesellschaft ihre Fondspalette mit dem vermögensverwaltenden Fonds *M&W Privat*[96], der inzwischen zum „Vorzeigefonds" des Hauses geworden ist und von freien Vermittlern immer häufiger bei deren Allokation in die Kundendepots eingesetzt wird (siehe hierzu auch **Abbildung Nr. 21**). Insgesamt werden per 31.12.2011 AuM in Höhe von 500 Mio. Euro verwaltet und das Wachstum kann als moderat steigend bezeichnet werden. Bei Mack & Weise bleibt festzuhalten, daß sich bei einer deutlich vertriebsorientierteren Ausrichtung ein dynamischeres Wachstum hätte einstellen können.

---

[95] Quelle: Unternehmensinformationen und Informationen zu den handelnden Personen wurden am 04.04.2012 unter http://www.mack-weise.de/luxvermoegen.html abgerufen.
[96] Der M&W Privat wurde am 21. Dezember 2006 unter der WKN: A0LEXD aufgelegt und weist zum 31.03.2012 ein Fondsvolumen von 469,1 Mio. Euro auf. Daten zum Fonds wurden unter http://www.mack-weise.de/luxfondsprivat/luxdownloadprivatmenu.html am 03.04.2012 abgerufen.

StarCapital[97]

Die in Oberursel bei Frankfurt ansässige Investmentboutique hat durch das Renommee ihres Gründers und Fondsmanagers Peter E. Huber bereits ein verwaltetes Vermögen von 1,2 Mrd. Euro erreicht (Stand: 31.12.2011). Dabei gehen die Urpsrünge der Gesellschaft auf das Jahr 1996 zurück und die Neuausrichtung unter Huber wurde 2007 mit Vollübernahme der Starcapital AG durch die Huber Portfolio AG (Holdinggesellschaft von Peter E. Huber) vollzogen. Die Historie Hubers, der über mehr als 40 Jahre Börsenerfahrung verfügt, geht dabei wesentlich auf die PEH Wertpapier AG zurück, die von Huber 1981 gegründete Vermögensverwaltung, dessen Anteile er im Jahr 2000 verkaufte und im Nachgang dann bei StarCapital als Fondsmanager einstieg. Die Starcapital AG ist allerdings bislang einer breiten Öffentlichkeit nicht bekannt geworden, da sich Huber eher auf den Markt für institutionelle Mandate (bspw. Feri, Harald Quandt Trust oder Sauren Fonds Service AG) fokussiert hat. Insgesamt verwaltet die Gesellschaft 8 Investmentfonds, wovon 4 ein excellentes 5-Sterne-Rating von Morningstar besitzen. Die Gesellschaft verfügt dabei über den besten defensiven Mischfonds der letzten 5 Jahre (in seiner Vergleichskategorie). Bei der Betrachtung der in diesem Fonds (*Starcap Winbonds+*[98]) verwalteten AuM von 116,9 Mio. Euro per 29.02.2012 wird deutlich, daß Fondsgesellschaften wie Carmignac Gestion oder ETHENEA deutlich mehr Investorengelder für ihre Produkte (beide sind mit dem *Carmignac Patrimoine* und dem *Ethna Aktiv E* im selben Mischfonds-Segment angesiedelt) einwerben. Ursächlich dafür ist die unterrepräsentierte Vertriebsseite der Gesellschaft, die sich mehrheitlich auf die Bereiche Family Offices und institutionelle Investoren fokussiert hat. Um sich auch (im langfristig orientierten) Retailsegment etablieren zu können wird es für die StarCapital AG wesentlich sein sich vertrieblich stärker auf dieses Segment auszurichten und entsprechende Ressourcen aufzubauen.

3.3 Nachfragestruktur im deutschen Fondsmarkt

Die Nachfragestruktur im deutschen Asset-Management-Markt ist analog der unterschiedlichen Fondsarten (bezogen auf Spezial- und Publikumsfonds) in eine institutionelle und eine Privatanleger-orientierte Nachfrage zu unterteilen. Die Nachfrage nach Anlagelösungen bei institutionellen Fondskäufern hat in den letzten Jahren eindeutig zugenommen, was sich an der in Spezialfonds gehaltenen AuM einfach herauslesen lässt. So stiegen die in Spezialfonds gehaltenen AuM in den letzten 10 Jahren von 508,4 Mrd. Euro (2000) auf 813,4 Mrd. Euro

---

[97] Informationen zum Unternehmen und den handelnden Personen, abgerufen am 04.04.2012 unter http://www.starcapital.de/profil.
[98] Der StarCap Winbonds+ wurde am 13. Juni 2006 unter der WKN: A0J23B aufgelegt und weist zum 29.02.2012 ein Fondsvermögen von 116,9 Mio. Euro auf. Quelle: http://www.starcapital.de/fonds/starcap-sicav-winbonds-+, abgerufen am 04.04.2012.

(2010). Dagegen bewegen sich die – auf das Endkundengeschäft ausgerichteten – in Publikumsfonds gehaltenen AuM mit 710 Mrd. Euro (2010) noch nicht auf dem Niveau ihres Höchststandes aus dem Jahr 2007 mit damals 791 Mrd. Euro[99]. Gegensätzlich zum Publikumsfondsgeschäft richtet sich der Spezialfondsmarkt ausschließlich an institutionelle Investoren (wie Versicherungen, Pensionskassen, Versorgungswerke oder Stiftungen), die sehr häufig ihre individuellen Anlagevorstellungen von externen Asset Managern in einem „Spezialfonds-Mantel" managen lassen. Das Management der anvertrauten institutionellen Gelder kann daneben aber auch über ein Investition in einen „einfachen" Publikumsfonds vorgenommen werden – allerdings wird diese Lösung häufig dem Individualisierungsgrad der institutionellen Mandatsgeber nicht gerecht[100]. Aus Sicht des anbietenden Asset Managers ist eine Publikumsfondslösung allerdings mit einem sehr hohen Skaleneffekt versehen, da sowohl institutionelles Geld wie auch Endkundeninvestoren in einer Fondslösung gemanagt werden können. Das institutionelle Geschäft der vergangenen Jahre war vorrangig geprägt durch eine Professionalisierung des Risikomanagements auf Seiten der Nachfrager, die besonders durch die Finanzkrisen der Jahre 2008 und 2011 den Kapitalerhalt in den Vordergrund bei Ihren Anlageentscheidungen gerückt haben. Dabei ist auch die Zahl der sog. „Absolute-Return-Konzepte" deutlich gestiegen, die versuchen diesem Sicherheitsaspekt institutioneller Investoren in jeder Marktphase Rechnung zu tragen[101]. Jedoch stellen bislang Rentenfonds den größten Anteil der in Spezialfonds gehaltenen institutionellen Gelder – danach folgen Misch- und Aktienfonds. Bei den Mischfonds-Mandaten wird im Spezialfondsbereich neben Aktien und festverzinslichen Papieren allerdings auch die Beimischung von Rohstoffen oder offenen Immobilienfonds miteingeschlossen. Insgesamt existierten 3.810 Spezialfonds am deutschen Fondsmarkt[102].

Im Gegensatz zum institutionellen Spezialfondsmarkt zeichnet sich das an Privatanlegern ausgerichtete Investmentfondsgeschäft durch deutlich schwankungsintensivere Zyklen, die eindeutig auch mit der in den letzten Jahren stark angestiegenen Volatilität an den Finanzmärkten zusammenhängt, aus. Die nachfolgenden Ausführungen dieses Buches beschäftigen sich mehrheitlich mit dem Anlegerverhalten im sog. Retailsegment, daß i.d.R. die öffentliche Wahrnehmung der Fondsindustrie in der breiten Bevölkerung wiederspiegelt. Auch sind die Ergebnisse der Intermediärbefragung in großen Teilen auf Informationen aus diesem Segment abgestellt (siehe hierzu auch die Zusammensetzung der befragten Intermediäre im Anhang).

---

[99] Quelle: BVI-Investmentstatistik per 30.06.2011.
[100] Vgl. hierzu auch Neiße, Thomas: „Der deutsche institutionelle Fondsmarkt im Wandel"; S.9-10.
[101] Ebenda, S.11-13.
[102] Quelle: BVI, Investmentstatistik per 30.06.2011.

4. Nachfragetrends bei Fondskäufern

Grundsätzlich ist festzuhalten, daß Deutschland bei Investmentanlagen von Privatanlegern noch in den „Kinderschuhen" steckt. Im internationalen Vergleich ist die direkte Anlage in Investmentfonds mit durchschnittlich 8.648 Euro je Bundesbürger gering. Traditionell hohe Werte weisen dabei die Amerikaner auf, die mit einem Investmentvermögen von 29.081 Euro je Staatsbürger an der Spitze im Vergleich liegen[103]. Wissenschaftliche Untersuchungen haben festgestellt, daß ein wesentlicher Zusammenhang zwischen der Investititons- bereitschaft zur privaten Altersvorsorge bspw. in Investmentfonds vom vorhandenen nationa- len Wohlfahrtssystem abhängig ist. Dem widerspricht allerdings, daß der Wohlfahrtsstaat Schweden mit einem Pro-Kopf- Investmentvermögen von 17.657 im internationalen Ver- gleich den 3. Rang hinter den USA und Frankreich belegen. Die nachfolgenden Ausführungen des Kapitels beschäftigen sich deshalb mit der Anlegersituation in Deutschland und den Ursachen, die zu einer eher unterentwickelten Investmentkultur geführt haben[104].

4.1 Risikoaversion nach Finanzkrisen der letzten 10 Jahre

In den vergangenen zehn Jahren waren die internationalen Börsen immer wieder von Krisen überschattet und erheblichen Schwankungen unterworfen. Beginnend mit der ersten Markter- schütterung (im Zuge des Platzens der „Dotcom-Blase") in den Jahren 2001 bis Anfang 2003 sowie weiterer Marktverwerfungen durch die Lehman-Pleite am 15.09.2008 aber auch der aktuellen Schuldenkrise in Europa haben viele Anleger Ihr Geld aus Kapitalanlagen abgezo- gen respektive in sehr risikoaverse Anlagestrukturen umgeschichtet[105]. Die dramatische Schuldensituation in Europa – insbesondere der südeuropäischen Staaten, die bis dato als sichere Geldanlagen galten – haben zu einem enormen Vertrauensverlust privater wie auch institutioneller Anleger geführt. Einhergehend mit der ungeordneten Situation in Europa hat sich bei den Anlegern ein tiefsitzendes Mißtrauen gegenüber der Stabilität der europäischen Währung, dem Euro, herausgebildet. Zahlreiche private wie auch institutionelle Investoren haben in den vergangen Jahren massive Vermögensverluste hinnehmen müssen und dadurch die angestrebten – und für private Investoren im Zuge der Altersvorsorge notwendigen – Renditeziele verfehlt. So stellt eine Umfrage des BVI fest, daß sich das Anlegervertrauen auf einem sehr tiefen und für die Anlageklasse „Investmentfonds" bedenklichen Niveau befin-

---

[103] Quelle: BVI, Pro-Kopf-Investmentvermögen, veröffentlicht im Mai 2011.
[104] Vgl. hierzu auch CSEF, Working Paper Nr. 238, „Economic Literacy: An International Comparison", Oktober 2009, S. 9-12.
[105] Quelle: BMELV, Wissenschaftliche Studie zur „Messung des Kundennutzens der Anlageberatung", 15.12.2011. S. 35.

det[106]. Der Trend zu Realwerten wie Immobilien oder Gold verdeutlicht den Drang der Anleger nach Substanzerhalt. Für die agierenden Investmentgesellschaften wird deshalb von grundlegender Bedeutung sein das Vertrauen der Investoren – privater wie auch institutioneller – zurückzugewinnen und damit am Markt weiter bestehen zu können. Deutliche Erfolge haben hier besonders unabhängige Asset Manager mit Boutiquecharakter (wie die Investmentgesellschaften Carmignac Gestion, ETHENEA oder Flossbach von Storch) erzielen können. Ihren vermögensverwaltenden Ansätzen ist es gelungen die Krisen weitestgehend unbeschadet zu überstehen. Wie stark die Spuren der Verunsicherung nach der Finanzmarktkrise 2008 bei potentiellen Anlegern reichen, verdeutlicht die nachfolgende Grafik anschaulich. Nahezu die Hälfte aller Befragten sieht sich bei Fragen der Vermögens- und Vorsorgeanlage verunsichert.

Abbildung 9: „Durch die Finanzkrise fühle ich mich bei Geldentscheidungen sehr verunsichert[107]"

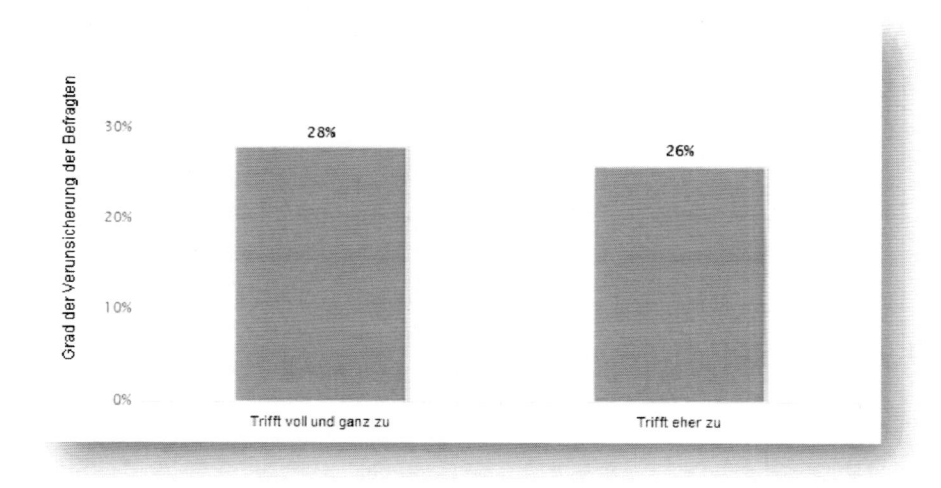

4.2 Finanzmarktpsychologische Anlayse des Anlegerverhaltens

Grundsätzlich ist bei der Analyse des Anlegerverhaltens immer auch die Kenntnis und Auseinandersetzung mit Finanzthemen ein wesentlicher Einflußfaktor. Auf diesen Aspekt wird in diesem und den nachfolgenden Kapiteln eingegangen. Hierbei geht es um die Auswirkungen der Anlegerpsychologie auf das Kauf- bzw. Verkaufsverhalten bei Finanzprodukten und insbesondere bei Investmentfonds[108]. Dabei wird zwischen institutionellen und privaten

---

[106] Vgl. BVI (2010), S.71.
[107] Quelle: ZMG Telefonbefragung im Zeitraum 24.11.-27.11.2008 und 01.12.-04.12.2008 unter 1.001 Teilnehmern, veröffentlicht 15.02.2009, Darstellung: www.statista.de.
[108] Quelle: BMELV, Wissenschaftliche Studie zur „Messung des Kundennutzers der Anlageberatung", 15.12.2011. S. 38.

Investoren unterschieden, da diese i.d.R. unterschiedliche Verhaltensmuster zeigen. Im Rückblick auf die letzten 10 Jahre ist bei privaten Investoren eine Art „Resignation" zum „Thema Anlage in Wertpapieren oder Fonds" festzustellen. Allerdings muß dabei beachtet werden, daß die Zahl der Aktionäre und Fondsbesitzer in Deutschland aus der Historie gering war und häufig nur eine indirekte Investition in Fondsprodukte, über Versicherungslösungen oder Riestersparpläne, getätigt wurde. Deutsche Privatinvestoren zeigen sich i.d.R. sicherheitsorientiert und haben sehr häufig einen kurzen Anlagehorizont[109]. Ein weiterer Aspekt, der zu einer Aversion gegenüber Anlagen in Wertpapieren oder Investmentfonds geführt hat ist auch in einer mangelhaft wahrgenommenen Beratung durch Bankberater oder Banken allgemein zu sehen. So fühlen sich Privatanleger häufig schlecht durch ihren Berater informiert und vermuten eine starke Provisionsorientierung beim Abschluß[110]. Die nachfolgende Abbildung verdeutlicht wie stark bei den Kunden Skepsis gegenüber einer objektiven Beratung durch Banken besteht.

Abbildung 10: „Hatten Sie bei einer Anlageberatung Ihrer Bank schon mal den Eindruck, daß ihre eigenen Interessen und die Interessen Ihrer Bank nicht übereinstimmen?[111]"

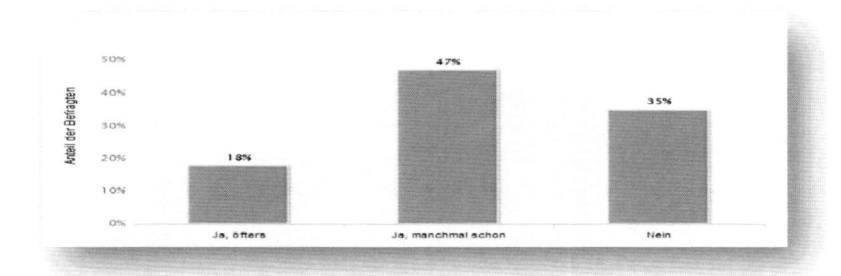

4.3 Auswirkung der Finanzmarktkenntnis in Deutschland auf die Produktnachfrage

Deutschland ist kein Land der Fondssparer! Bei genauer Betrachtung der Nachfragestruktur für Investmentfonds in Deutschland fällt auf, daß in der Breite nur wenig Finanzmarktwissen bei den Anlegern vorhanden ist. Weiter ist zu beobachten, daß das Interesse für Finanzmarktthemen – insbesondere für Investmentfonds – äußerst unterrepräsentiert ist und in den vergangenen Jahren deutlich nachgelassen hat. Um beide Thesen zu unermauern wurden die Analysen des BMELV und BVI ausgewertet. Diese kommen zum Schluß, daß das Interesse am Thema „Investmentfonds" stark rückläufig und auch die Bereitschaft, sich damit ausei-

---

[109] Ebenda, S. 42-44.
[110] Ebenda, S. 57.
[111] Quelle: TNS Infratest Bankenumfrage 2010 im Zeitraum 12. – 21.Mai 2010 unter 2.500 Teilnehmern, veröffentlicht durch die ING-Diba, Darstellung: aus www.statista.com entnommen.

nanderzusetzen, nahezu nicht vorhanden ist[112]. Die nachfolgende Grafik verdeutlicht das mangelnde Interesse der Deutschen an Aktien oder der Fondsanlage.

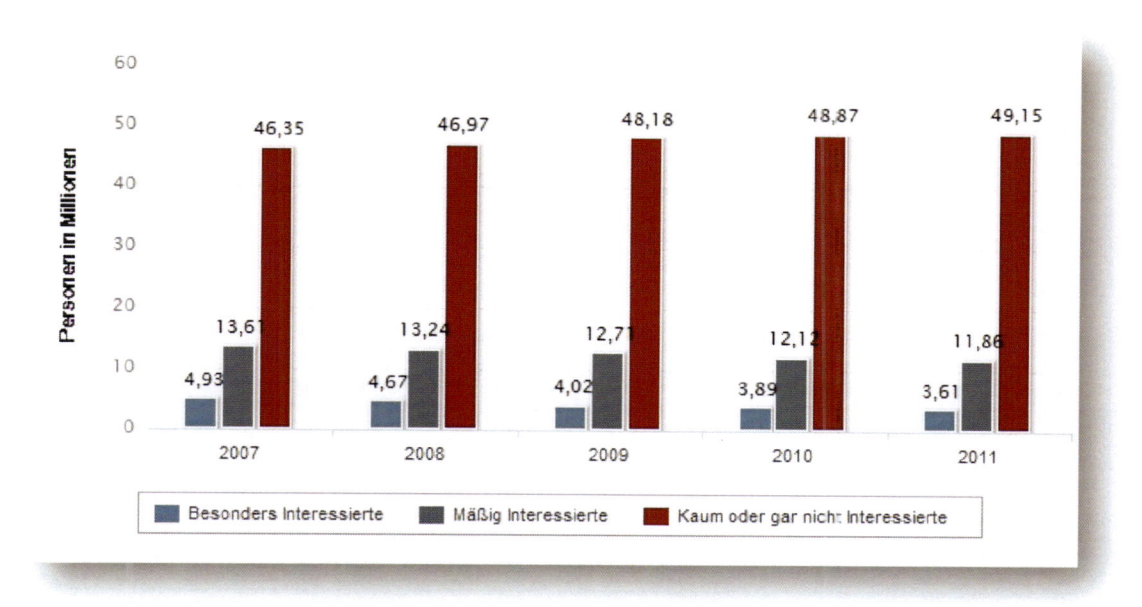

Abbildung 11: „Interesse der Bevölkerung an Aktien und Investmentfonds von 2007 bis 2011[113]"

Weiter wurde das Arbeitspapier des Centre of Studies for Economics and Finance (CSEF)[114], das einen Vergleich des globalen Finanzmarktwissens und dessen volkswirtschaftliche Auswirkungen vorgenommen hat, in die Untersuchung miteinbezogen. So kommt das CSEF zum Schluß, daß mangelnde Finanzmarktkenntnis langfristig ein Wohlstandsproblem darstellen wird. Dabei wird davon ausgegangen, daß fehlendes Interesse in Finanzthemen zu wesentlichen Fehlentscheidungen auf der Finanzierungs- wie auch Anlageseite bei den Investoren führt. Diese Fehlentscheidungen sind aus Sicht des CSEF dann so gravierend, daß sie in den nächsten Jahren zu erheblichen Wohlstandsverlusten führen. Da anhand der vorliegenden Daten zum deutschen Interesse an Investmentfonds abgelesen werden kann, daß das Thema Eigenvorsorge über Investmentanlagen auf nahezu kein Interesse stößt, ist mittelfristig nicht davon auszugehen, daß sich dieser Trend umkehrt und zu einem ausgewogenen Verhältnis führen wird.

---

[112] Vgl. hierzu auch Pohle, Andreas: „Finanzmarktkunde vor und nach der Krise", in „Bank und Markt", Heft Nr. 3, März 2011.
[113] Quelle: TNS Infratest, Bankenumfrage 2010 im Zeitraum 12. – 21. Mai 2010 unter 2.500 Teilnehmern, veröffentlicht durch die ING-Diba, Darstellung: entnommen aus www.statista.com.
[114] Vgl. hierzu Working Paper Nr. 238: „Economic Literacy: An International Comparison", Oktober 2009, S. 9.

4.4 Produktqualität und Ihre Folgen auf Nachfragetrends

Produktqualität entscheidet ganz wesentlich über den Erfolg einer Investmentgesellschaft und ihr dauerhaftes Bestehen über stabile oder wachsende AuM. Es ist unbestritten, daß ein Brand, eine „Investmentmarke" nur dann aufgebaut werden kann, wenn die Qualität des Produktes, ausgedrückt durch die Fonds-Performance und das nachhaltige Fondsmanagement, über einen langen Zeitraum hervorragend ist und insbesondere Anlageberater und Vermittler dauerhaft überzeugt sind[115]. Denn die Intermediäre wie Anlageberater in Großbanken, Volks- und Raiffeisenbanken sowie Sparkassen und auch die freien Vermögensverwalter entscheiden über den Verbleib eines Investemtentfonds im Depot der (End-)Kunden. Die Erfolge der Investmentboutiquen Carmignac Gestion, ETHENEA oder Flossbach von Storch zeigen deutlich, daß sich Absatzmittler und deren Kunden eine hohe Verlässlichkeit des Asset Managers (in Form konstanter und wenig volatiler Erträge) wünschen. Neben den vermögensverwaltenden Ansätzen können dies auch sog. „Absolute-Return-Fondslösungen" sein. Die Ergebnisse aus der eigenen, im Rahmen der Entstehung dieses Buches durchgführten Studie, weist die nachfolgenden Produktmerkmale als die wesentlichen für Intermediäre wie auch deren Kunden aus[116].

1. Verlässlichkeit in Management und Performance
2. Transparenz des Managements und der Investmentgesellschaft
3. Zuverlässige Kommunikation mit Intermediären (und Endkunden)
4. Glaubwürdiges „Brand" in der Außenwahrnehmung der Fondsgesellschaft
5. Servicequalität gegenüber Intermediären (und Endkunden)

4.5 Kritische Betrachtung von Absolute-Return-Lösungen

Absolute-Return-Fonds – so war sich die gesamte Investmentbranche nach der Lehman-Pleite im September 2008 einig – werden in den kommenden Jahren das Asset Management bestimmen und verstärkt in den Fokus der Privatkunden, aber auch institutionellen Investoren rücken. Besonders unter Berücksichtigung der Erfahrungen aus der Finanzkrise stehen kundenseitig stabile Erträge sowie Kapitalerhalt und die Reduzierung der Volatilität im Vordergrund[117].

---

[115] Erkenntnisse aus der eigens durchgeführten Umfrage und den Absatzzahlen der Carmignac Gestion Deutschland GmbH (in den Jahren 2008 bis 2011) sowie den Absatzranglisten der Poolgesellschaften (siehe hierzu auch **Abbildung Nr. 31** im Anhang).
[116] Quelle: Eigene, im Rahmen dieses Buches durchgeführte, Studie unter 189 Anlage- und Vermögensberatern im Zeitraum 15. November 2011 bis 15. Januar 2012.
[117] Vgl. hierzu auch Atzler, Elisabeth: „Gebrochenes Versprechen" in CAPITALonline vom 19.12.2011 unter http://www.capital.de/finanzen/fonds/:Absolute-Return-Fonds--Gebrochenes-Versprechen/100043739.html?mode=print abgerufen am 03.04.2012.

Die Konzeption auf absolute Erträge ausgerichteter Investmentfonds hat ihre Ursprünge aus dem Hedgefondsbereich, der – wie sich heute nachweislich belegen lässt – zu Unrecht als wesentlicher Verursacher der Finanzkrise abgestempelt worden war[118]. Besonders aber im Umfeld labiler Börsen zeigen alternative Investmentansätze ihre Stärke gegenüber traditionellen Anlageformen wie klassische Aktien- oder Rentenfonds. Allerdings erfordern die komplexen Absolute-Return-Strategien auch eine verstärkte Transparenz und eine intensive Aufklärung gegenüber dem Anleger.

Anleger präferieren vorrangig risikoarme und wenig schwankungsintensive Kapitalanlagen – der Kapitalerhalt steht wesentlich im Fokus der Anlageentscheidung. Dies war ursächlich für einen deutlichen Anstieg des Produktangebotes bei kapitalerhaltenden Absolute-Return-Lösungen. Zwischenzeitlich werden in Europa mehr als 140 Mrd. Euro in mehr als 670 Absolute-Return-Fonds verwaltet. Auf Deutschland entfallen rund 220 dieser Fondskonstrukte[119]. Keine Verluste zu erleiden ist die Maxime der Fondsanbieter, die mit Absicherungslösungen über Finanzderivate mehrheitlich versuchen dieses Ziel zu erreichen. Bei genauer Betrachtung der erzielten Ergebnisse fällt die Bilanz der propagierten Fondskategorie allerdings nachteilig aus. Im Bereich der Fonds, die keine Verluste tolerieren, fiel im Zeitraum November 2010 bis Ende Oktober 2011 durchschnittlich eine negative Performance von – 1,5 % an, so daß der Ursprungsgedanke „absolute Return" damit nicht eingehalten werden konnte. Um Absoltue-Return-Fonds Absatzchancen einräumen zu können bedarf es deshalb zukünftig verlässlicher Performancebeiträge und transparenter Prozesse[120].

4.6 Nachfragentwicklung bei passiven Fondslösungen

Institutionelle und private Investoren weisen grundsätzlich divergierende Zielvorstellungen, die mit den eingegangenen Investments erreicht werden sollen, auf. Insbesondere Institutionen wie Versicherer oder Pensionsfonds, die über enorme Altersvorsorgegelder verfügen und i.d.R. auf diese Gelder entsprechende Mindestrendite-Zusagen garantieren müssen oder Stiftungen, die den Kapitalerhalt ihrer Gelder priorisieren und v.a. regelmäßige Ausschüttungen zur Erfüllung ihres operativen Geschäftes benötigen, präferieren einen defensiven Anlagestil. Im Gegensatz dazu streben vor allem unabhängige Vermögensverwalter mittels aktiv gemanagter Investmentfonds eine Überrendite zum Markt bzw. Marktindizes (wie bspw.

---

[118] Ebenda.
[119] Vgl. hierzu auch Mikosch, Bernd: „Gewinne nicht garantiert" in CAPITALonline vom 20.12.2011 unter http://www.capital.de/finanzen/aktien/:Absolute-Return-Fonds--Gewinne-nicht-garantiert/100040193.html?mode=print abgerufen am 04.04.2012.
[120] Vgl. hierzu auch Groth, Julia: „Strauchelnde Renditejoker" in CAPITALonline vom 12.12.2011 unter http://www.capital.de/finanzen/aktien/:Absolute-Return-Fonds--Gewinne-nicht-garantiert/100040193.html?mode=print abgerufen am 03.04.2012.

DAX[121], EURO STOXX 50[122] oder MSCI World[123]) an. Da institutionelle Investoren eine große Anzahl von Positionen in Ihren Portfolien zu allokieren und zu überwachen haben werden Teilbereiche bzw. spezifische Asset Klassen häufig an externe Fondsanbieter ausgelagert, die diese Lücke i.d.R. über eine Spezialfondslösung – speziell für das institutionelle Mandat aufgelegt – schließen. Dadurch lässt sich mit Investmentfondslösungen sehr einfach ein diversifiziertes Portfolio zusammenstellen, das auch die abzudeckenden Anlageklassen beinhaltet. Neben klassischen, aktiv gemanagten Investmentfonds, treten insbesondere im institutionellen Asset Management immer stärker passive Fondslösungen in den Vordergrund. Während ein passives Investment üblicherweise die Performance des nachgebildeten Indexes wiederspiegelt, versuchen aktiv gemanagte Investmentfonds anhand von Markineffizienzen eine Überrendite zum Markt bzw. der festgelegten Benchmark[124] zu erzielen. Hier liegt der wesentliche Unterschied von passiven zu aktiven Investmentstrategien. Aktive Investmentfondslösungen gehen grundsätzlich von nicht effizienten Kapitalmärkten aus, die durch intensive Titel-Analyse sowie Timing (anhand von temporären Über- und Untergewichtungen zum Gesamtmarkt) eine Outperformance erzielen wollen[125]. Der Einsatz von ETFs kann das Risiko im Portfolio – im Gegensatz zum Einsatz ausschließlich aktiver Strategien – deutlich reduzieren. Studien belegen, daß bei aktiven Selektions- und Timing-Strategien häufig eine sehr hohe Konzentration auf nur wenige Titel und somit eine zu geringe Diversifikation vorhanden war[126].

Der europäische Markt für ETFs hat seit seiner Entstehung im Jahr 1999 insgesamt 32 Anbieter für passive Investmentvehikel hervorgebracht und ein Investmentvolumen von rund 208 Mrd. Euro eingesammelt[127]. Allerdings muß bei genauer Betrachtung der Marktverteilung festgehalten werden, daß allein die drei größten Anbieter wie BlackRock/iShares, die Deutsche Bank/db X-trackers und Société Générale/Lyxor mehr als 70 % des Marktes auf sich vereinen und damit eindeutig dominieren. Nachdem in den vergangenen Jahren viele neue

---

[121] Der *DAX* bildet das Segment der sog. deutschen Bluechips ab, der 30 größten und umsatzstärksten deutschen Unternehmen an der Frankfurter Wertpapierbörse (FWB), die im Prime Standard zugelassen sind. Basis: 1000 Indexpunkte am 30.12.1987. Quelle: FINANZNACHRICHTEN lesen – verstehen – nutzen, S. 154.

[122] Der *EURO STOXX 50* ist ein sog. Blue-Chip-Index, der die – gemessen an der Börsenkapitalisierung – 50 größten Standardwerte aus der Eurozone enthält. Quelle: FINANZNACHRICHTEN lesen – verstehen – nutzen, S. 170.

[123] *MSCI* steht für **M**organ-**S**tanley-**C**apital-**I**nternational. Der *MSCI World* Index umfasst ca. 2.500 Aktien weltweit und stellt somit einen der marktbreitesten globalen Aktienindizes dar. Quelle: FINANZNACHRICHTEN lesen – verstehen – nutzen, S. 172.

[124] Unter *Benchmark* versteht man i.d.R. einen Index an dem sich die Leistung eines Fondsmanagers (Über- oder Unterperformance) bemisst. Quelle: FINANZNACHRICHTEN lesen – verstehen – nutzen, S. 150.

[125] Vgl. hierzu auch Kosowski, Robert et al.:„Can Mutual Fund „Stars" Really Pick Stocks?", The Journal of Finance, 61 (6), 2006, S. 2551-2595.

[126] Vgl. hierzu auch Barras, L. et al (2010): „Fals Discorvery in Mutual Fund Performance", S. 179-216.

[127] Vgl. hierzu Handelsblatt vom 26.01.2012, „Auf dem Markt für Indexfonds wird es eng", S. 36.

Anbieter in das ETF-Segment eingestiegen sind, ist davon auszugegehen, daß der europäische Markt für börsengehandelte Indexfonds in den kommenden Jahren sehr wahrscheinlich eine deutliche Konsolidierung erfahren wird. So haben viele europäische Banken eine Überprüfung und Konsolidierung ihres gesamten Geschäftmodells geplant, was dazu führen könnte, daß die ETF-Sparten dieser Banken in der nächsten Zeit zum Verkauf stehen[128]. Weiter verschärft die gestiegene Regulierung (durch neue Vorschriften der europäischen Wertpapieraufsicht ESMA) den Kostendruck im geringmargigen ETF-Geschäft. Schon deshalb wird Größe zu einem entscheidenden Wettbewerbsfaktor und insbesondere Gesellschaften, die in den „Boomphasen" nicht wesentlich gewachsen sind und nur geringe AuM aufweisen, werden dadurch Schwierigkeiten bekommen. Die nachfolgende Grafik gibt einen Überblick über die konzentrierte Marktsituation des ETF-Marktes in Europa.

Abbildung 12: „Die 5 größten ETF-Anbieter in Europa – Marktanteil gemessen am Umsatz[129]"

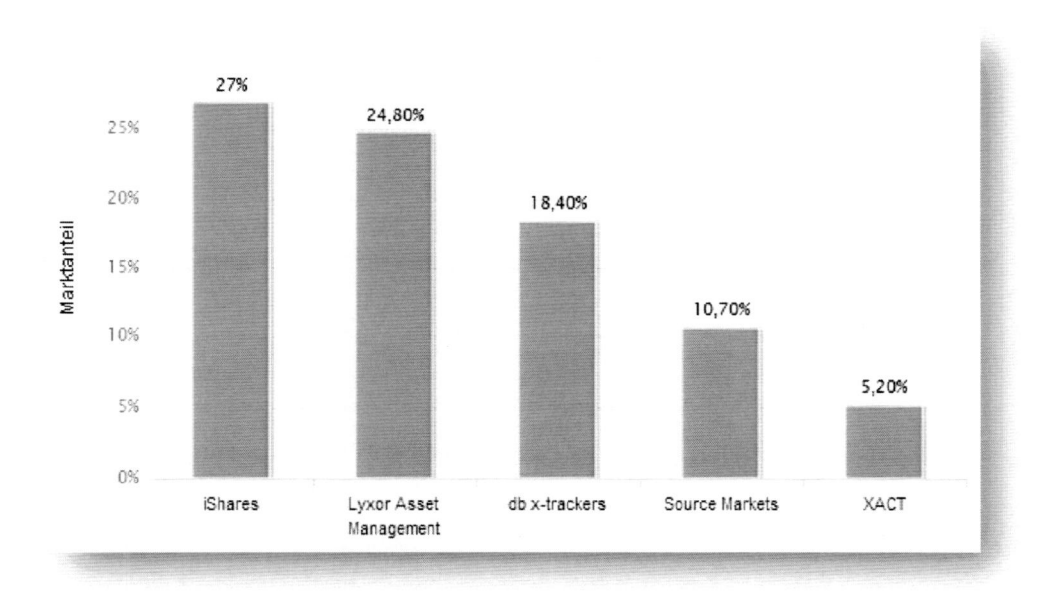

---

[128] Ebenda, S. 36.
[129] Quelle: BlackRock. September 2010. Die Statistik stellt die Marktanteile gemessen am durchschnittlichen täglichen Umsatz dar. Darstellung: entnommen aus www.statista.com.

5. Bestehende Vertriebsstrategien und Implikationen zukünftiger Vertriebswege

Die bereits im dritten Kapitel dieses Buches dargestellte oligopolistische Marktstruktur des Fondsmarktes in Deutschland spiegelt sich auch in den Vertriebswegen wieder. So liegt der Schwerpunkt des Fondsabsatzes seit Jahren deutlich im Bankenvertrieb. Anhand der nachfolgenden Grafik wird deutlich, daß rund 70 % der Publikumsfondsverkäufe über Banken und Sparkassen erfolgen. Ursächlich für diese, stark auf den Bankensektor ausgerichtete, Absatzstruktur sind die in der Vergangenheit an den Verbund-KAGen ausgerichteten Vertriebe der Großbanken, Sparkassen und Genossenschaftsbanken. Neben den Bankvertrieben haben sich die Absatzkanäle der Direktbanken für informierte und kostenbewußte Investoren sowie der Vertriebskanal der freien Fondsvermittler etablieren können. Auch der Fondsabsatz direkt über die KAGen hat seine, wenn auch nachlassende, Bedeutung innherhalb des Fondsvertriebes beibehalten können.

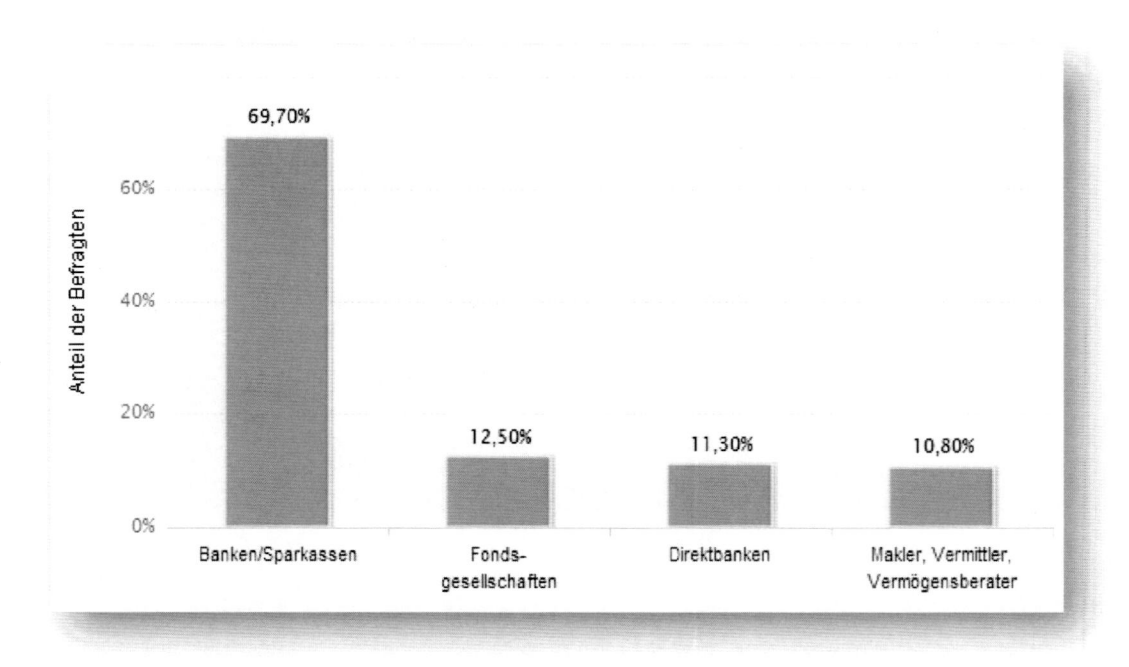

Abbildung 13: „Vertriebswege der Investmentfonds[130]"

5.1 Überblick über Absatzkanäle von Fondslösungen

Wie bereits eingangs des Kapitels erwähnt bestimmen Banken und Sparkassen, Direktbanken, freie Vermögensberater sowie Versicherungsvermittler rund 90 % des Fondsabsatzes in Deutschland. Aus diesem Grund ist es für Fondsanbieter erforderlich explizit mit diesen

---

[130] Vgl. „Die Bank", März 2010, S. 3. (Panel der GfK – Mehrfachnennungen möglich).

Absatzkanälen und Intermediären Vertriebspartnerschaften bzw. Kooperationen (v.a. im Bankensektor) einzugehen[131]. Da jeder der genannten Vertriebe unterschiedliche Anforderugen beim Relationship-Management erfordert sind die relevanten Spezifika der einzelnen Kanäle nächer zu beleuchten. Speziell der Markt der freien Vermögensberater und das Segment der Strukturvertriebe sind sehr aufwendig in der Betreuung. Dagegen weist der Bankvertrieb häufig einen über Produktmanagement-Abteilungen organisierten Prozeß auf, der – abhängig, ob es sich um Großbanken, Sparkassen oder Genossenschaftsbanken handelt (bedingt durch die vorhandenen eigenen Verbund-KAGen wie Deka, Union, AGI oder DWS) – oftmals durch eine „politische" Auswahl der Partner geprägt ist. Tendenziell ist zukünftig davon auszugehen, daß sich die Zugänge zu den Bankvertriebseinheiten, über das flächendeckend vorhandene Filialnetz, schwieriger gestalten werden und v.a. die Großbanken dazu übergehen ihre sog. „Open Architecture" zurückzubauen[132], um größere AuM-Bestände in den konzerneigenen KAGen zu bündeln. Ein erstes Signal in diese Richtung hat die Deutsche Bank Gruppe gesetzt, die ihrem Retail-Vertriebskanal über die Tochter Postbank AG nur noch „erlaubt" hauseigene Produkte der DWS an Kunden zu verkaufen[133]. Nachfolgend wird ein umfassender Überblick über diese Vertriebskanäle gegeben und sich abzeichnende Zukunftstrends aufgezeigt.

5.1.1 Bankenvertrieb

Die Dominanz des Bankenvertriebs im Publikumsfondsbereich unterstreicht im Wesentlichen, daß vor allem Kreditinstitute über einen direkten Kundenzugang verfügen und aufgrund einer i.d.R. langjährigen Kundenverbindung von einer starken Kundenbindung und einem starken Vertrauensverhältnis profitieren. Allerdings muß festgehalten werden, daß dieses Vertrauensverhältnis im Nachgang der Finanzkrise erheblich belastet wurde. Vereinzelt hat das auch zu Kundenabwanderungen und Konto- respektive Depotauflösungen geführt.

Um eine Zukunftsprognose für den Bankenvertrieb treffen zu können ist eine retrospektive Betrachtung der Zufriedenheits-Entwicklung bei der Anlageberatung durch Banken ein wesentlicher Bestandteil der Untersuchung. Wie bereits erwähnt hat das Berater-Kunde-Verhältnis in den letzten 10 Jahren mehrere Belastungen durch Finanzmarktkrisen, aber auch Falschberatungen, erlebt. Der Bankenverband (BdB) hat sich näher mit der Anlageberatung

---

[131] Vgl. hierzu auch Kirchner, Christian: „Mächtige Verkäufer", Wirtschaftswoche Nr. 48/2007 vom 26.11.2007, S. 184-188.
[132] Vgl. hierzu auch Thießen, Friedrich: "Zur Trennung von Vertriebs- und Produktionsbank – Chancen und Risiken der „Open Architecture"-Strategien im Vermögensmanagement", Bank-Archiv, Heft 6, S. 410-412.
[133] Vgl. hierzu auch Köhler, Peter: „Postbank wird künftig stärker auf Rendite getrimmt", erschienen in Handelsblatt Nr. 64 vom 29.03.2012, S. 33.

befasst und zusammen mit dem Trendforschungsinstitut ipos die Zufriedenheit der Bankkunden untersucht. Dabei wurden wesentliche Feststellungen hinsichtlich der Vertrauensentwicklung bei der Anlageberatung (im Nachgang der Finanzmarktkrise) getroffen. So sieht der BdB die Grundvoraussetzung für eine funktionierende Kundenbeziehung in einer fachlich kompetenten Beratung. Neben fachlicher Kompetenz steht aber ganz wesentlich eine vertrauensvolle „Kunde-Berater-Bank-Beziehung" im Mittelpunkt der Zusammenarbeit. Die nachfolgende Grafik zeigt, daß dieses existenziell wichtige Vertrauen in die Bankberatung doch sehr deutliche Erschütterungen erfahren hat. Allerdings muß hier auch unterschieden werden, daß das Vertrauen in die eigene Bank deutlich weniger negativen Einflüssen unterworfen zu sein scheint als das Gesamtvertrauen in den Banksektor. Es ist deshalb davon auszugehen, daß Kunden das eigene Verhältnis zur „Hausbank" als deutlich vertrauensvoller empfinden wie das (in der öffentlichen Wahrnehmung) sehr ramponierte Image „der Banken" allgemein[134].

Abbildung 14: „Hat Ihr Vertrauen in Banken angesichts der Finanzkrise gelitten?[135]"

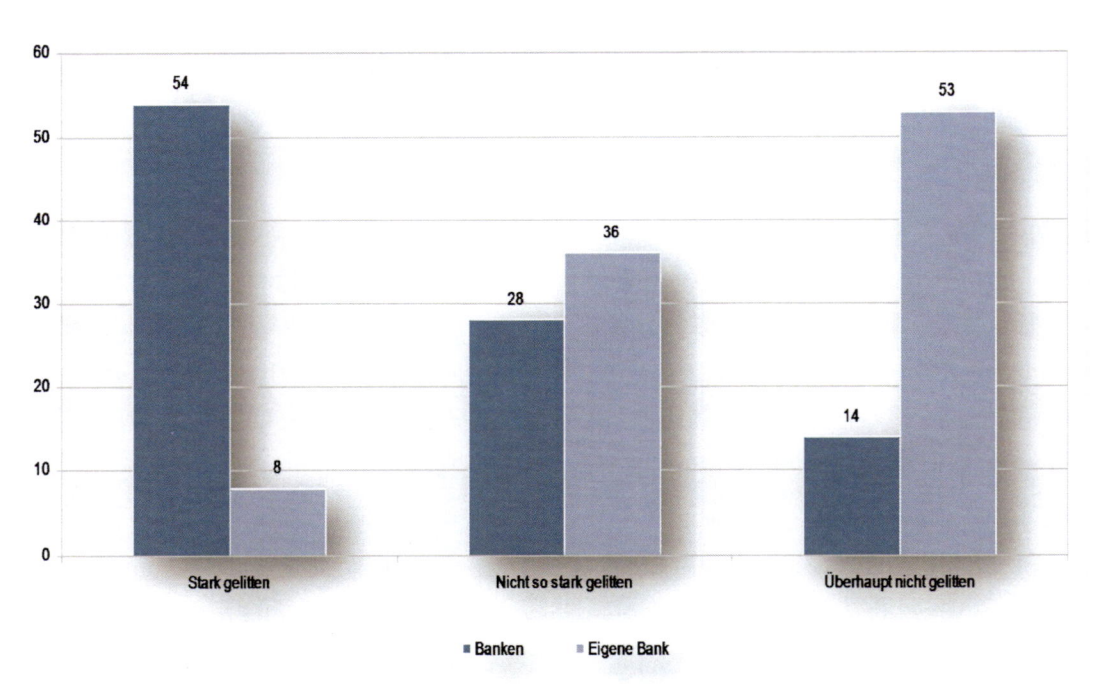

---

[134] Vgl. hierzu auch BdB, „Banken in der Verantwortung", Ergebnisse der repräsentativen Meinungsumfrage des Bundesverbandes deutscher Banken zum XIX. Deutschen Bankentag am 30./31. März 2011. S. 1-14.
[135] Vgl. Ipos-Befragung im Auftrag des BdB im Zeitraum März und April 2009 unter 1056 Bundesbürgern über 18 Jahre, veröffentlicht im Mai 2009, Angaben in Prozent, Darstellung: aus www.statista.com entnommen.

Auch hinsichtlich der Informationsbeschaffung bei Publikumsfonds liegen Banken und Sparkassen mit mehr als 71 % weit vor der Recherche im Internet und insbesondere vor freien Vermittlern und Maklern. Die nachfolgende Grafik gibt dabei einen wesentlichen Überblick über die Informationsquellen der Fondsnachfrager.

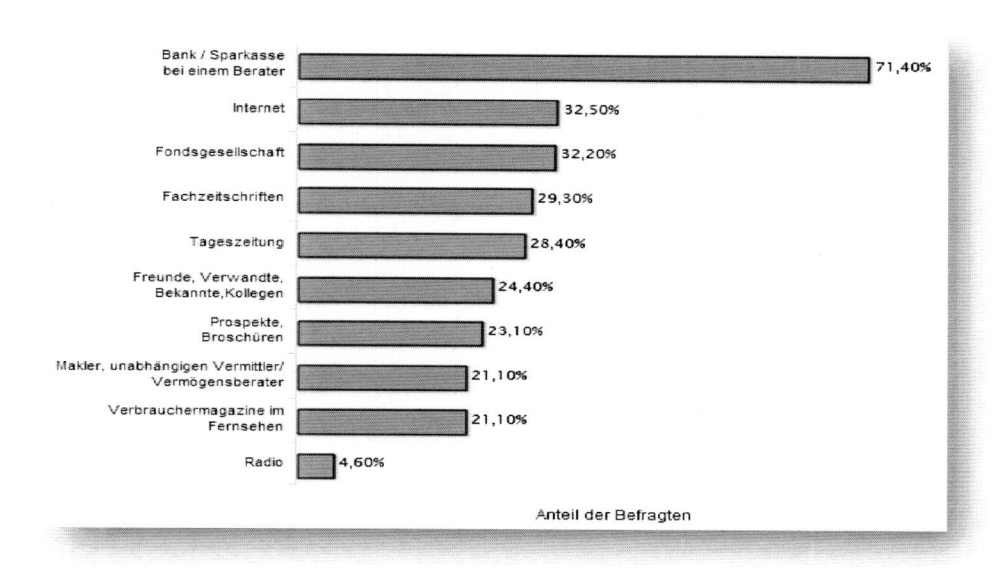

Abbildung 15: „Informationsquellen vor dem Kauf von Investmentfonds[136]"

Informationsquelle	Anteil der Befragten
Bank / Sparkasse bei einem Berater	71,40%
Internet	32,50%
Fondsgesellschaft	32,20%
Fachzeitschriften	29,30%
Tageszeitung	28,40%
Freunde, Verwandte, Bekannte, Kollegen	24,40%
Prospekte, Broschüren	23,10%
Makler, unabhängigen Vermittler/ Vermögensberater	21,10%
Verbrauchermagazine im Fernsehen	21,10%
Radio	4,60%

Um im weiteren Fortgang der Untersuchung speziell die zukünftige Position des Bankenvertriebs bei Investmentfonds zu betrachten ist darauf hinzuweisen, daß v.a. die Verbund-KAGen aus dem Sparkassen-Sektor und der genossenschaftlichen Bankenorganisation, aber auch der Deutschen Bank Gruppe und des Allianz-Konzerns von ihrer Marktdurchdringung (über das vorhande Vertriebs- und Filialnetz der angeschlossenen Banken und Vermögensberater) profitieren. Dabei kann insbesondere die Union Investment aus dem genossenschaftlichen Banken-Sektor über Jahre sehr stabile Zuflüsse aus ihrem Verbund verzeichnen, wogegen die Deka-Gruppe im Jahr 2011 Anlagegelder verloren hat[137]. Aber auch auf Seiten der Allianz Gruppe (über die AGI) mußten Abflüsse hingenommen werden. Sogar der Branchenführer DWS hatte im Jahr 2011 erhebliche Mittelablüsse in Publikumsfonds – bereinigt um die

---

[136] Vgl. GfK-Befragung im Oktober 2009 unter 767 Investmentfondsbesitzern, Mehrfachnennungen möglich, veröffentlicht im Dezember 2009, „Grundlagenstudie Investmentfonds 2009" in Zusammenarbeit mit dem BVI, S. 14. Darstellung: entnommen aus www.statista.com.
[137] Vgl. hierzu auch handelsblatt.com vom 03.04.2012 „Dekabank in schweren Turbulenzen" abgerufen am 03.04.2012 unter http://www.handelsblatt.com/unternehmen/banken/sparkassen-fondsdienstleister-dekabank-in-schweren-turbulenzen/6471302.html.

Zuflüsse aus dem ETF-Segment der db X-trackers – zu verzeichnen[138]. Es stellt sich die Frage, worauf diese aktuelle Schwäche zurückzuführen ist? Auf der einen Seite spielt eine nicht unerhebliche Rolle die – in einigen Asset Klassen vorherrschende – Performanceschwäche der Verbund-KAGen. Andererseits ist die vorhandene (allen voran bei VR-Banken und der Sparkassengruppe) „Open Architecture" und das Ausweichen auf Fremdfonds ursächlich für die Mittelabflüsse. Deshalb gibt es seitens der AGI aktuelle Bestrebungen diese offene Fondsarchitektur innerhalb des Verbundpartners Commerzbank AG wieder zurückzudrängen und mittels einer strategischen Partnerschaft die aufgebrochenen Strukturen wieder zu schließen. Dabei wird auch in der Außenwirkung, mittels Anzeigen und Fernsehwerbung, wert darauf gelegt Commerzbank und AGI in einem gemeinschaftlichen Miteinander (bei der Zusammenarbeit in der Vermögensverwaltung) zu platzieren[139].

5.1.2 Vertrieb direkt über Fondsgesellschaften

Der Fondskauf bzw. Vertrieb von Fondsanteilen direkt über die managenden Investmentgesellschaften war v.a. zum Start der ausländischen Investmentgesellschaften ein wesentlicher Absatzkanal. Bei deren Markteintritt war es üblich, daß Pioneer Investments, Franklin Templeton oder Fidelity Investments Direktdepots für ihre Investoren anboten. Da dieser Vertriebskanal allerdings auch einen enormen Aufwand für Depotführung und Verwahrung (bei den Investmentgesellschaften) verursachte bietet aktuell nur noch Franklin Templeton (als einzigste ausländische Kapitalanlagegesellschaft) den Direktkauf und die Direktverwahrung über „Inhouse-Depots" an. Alle anderen ausländischen Anbieter haben die Depotführung für die freien Vertriebe auf Fondsplattformen wie die Augsburger Aktienbank[140], Fidelity Fondsbank[141] oder ebase[142] und im Bankensektor auf die dwp bank AG[143] ausgelagert, so daß der

---

[138] Vgl. hierzu auch Rezmer, Anke: „Professionelle Investoren kaufen wieder Fonds", in Handelsblatt Nr. 52 vom 13.03.2012, S. 39.
[139] Vgl. hierzu auch die Darstellung der Premiumpartnerschaft zwischen Commerzbank AG und AGI auf der Commerzbank Anlegerseite zur Investition in Publikumsfonds unter https://www.commerzbanking.de/P-Portal0/XML/IFILPortal/pgf.html?Tab=102&Doc=/de/GB/hauptnavigation/wp_spezial/ansatz_coba/wp_beratung_agi.htm, abgerufen am 10.04.2012.
[140] Informationen zur Augsburger Aktienbank AG als Abwicklungsplattform finden sich unter http://www.aab.de/sites/aabweb/unternehmen/portrait.html?act=/sites/aabweb/unternehmen/portrait.html.
[141] FIL Fondsbank GmbH (ehemals Frankfurter Fondsbank GmbH) wurde Anfang 2002 als Wertpapierhandelsbank gegründet. Die FFB ist auf die Verwahrung von Investmentfonds-Anteilen spezialisiert. Ihre Dienstleistungen richten sich an unabhängige Finanzberater sowie Investmentgesellschaften und Banken. Auf der Vermittlerplattform der FFB können qualifizierte Vertriebspartner und Finanzdienstleister ihren Kunden die Verwahrung ihrer gesamten Fondsbestände in einem einzigen Depot anbieten. Daneben ermöglicht die FFB im Mandantengeschäft Investmentgesellschaften und Banken, die weiterhin Vertragspartner des Kunden bleiben wollen, das Outsourcing ihrer Anteilskontoführung. Quelle: Fidelity Fondsbank, Unternehmensporträt. Abgerufen unter https://www.ffb.de/public/Internet/nav/0ec/0ec70548-49fc-3b01-73d2-82700266cb59.htm am 12.02.2012.
[142] Quelle: ebase, Unternehmensporträt. Abgerufen unter https://portal.ebase.com/(e1)/www/homepage/ueber-uns/unternehmen am 12.02.2012.

Direktvertrieb über die Fondsgesellschaften zukünftig eher eine untergeordnete Rolle spielen wird. Was die Verbundplattformen „Union-Depot[144]" oder „Deka-Depot[145]" aus dem VR-Banken-Sektor respektive der Sparkassenorganisation angeht, so bleibt hier festzuhalten, daß diese neben der Abwicklung über die dwp bank AG ein ergänzendes Ventil – insbesondere bei der Verwahrung verbundeigener Fonds sowie der Riester-Produktlinie (bspw. UniProfi-Rente[146]) – geworden sind.

5.1.3 Investmentfondsvertrieb über Direktbanken

Transparenz auf der Kostenseite und eine deutlich gesteigerte Informiertheit der privaten Investoren hat dazu geführt, daß immer weniger Anleger bereit sind die vollen „Einstiegskosten" für ein Fondsinvestment – bezogen auf den Ausgabeaufschlag[147] – zu tragen und nach kosteneffizienteren Kaufmöglichkeiten suchen. Hier haben sich Direktbanken einen Markteinteil gesichert, der besonders bei aufgeklärten Investoren, die keine Produkt-Beratung suchen, nicht mehr wegzudenken ist. Die wesentlichen Marktteilnehmer in diesem Bereich sind dabei die Direktanlage Bank AG (DAB)[148], ING-DiBa[149], Cortal Consors AG[150] und die comdirect bank AG[151]. Dabei gehören die DAB Bank AG (innerhalb des UniCredit/Hypovereinsbank-Konzern) und comdirect bank AG (Commerzbank-Konzern) zwischenzeitlich zu großen deutschen Bankkonzernen und die ING-DiBa (dem niederländi-

---

[143] Die dwp bank AG ist Marktführer im deutschen Wertpapierservice-Geschäft und wickelt dabei für alle 3 Sektoren im Bankenmarkt (Sparkassen, VR-Banken und Privatbanken) Wertpapiertransaktionen ab. Insgesamt wickeln rund 1600 Kreditinstitute in Deutschland ihr Wertpapiergeschäft über die dwp bank AG ab, was mehr als 60 % aller deutschen Wertpapiertransaktionen entspricht. Dabei werden rund 7,5 Mio. Depots mit einem Anlagevolumen von 2 Billionen Euro betreut und ca. 260.000 Anlageberater und Mitarbeiter von Wertpapierabteilungen sind an die Systeme der dwp bank AG angeschlossen. Quelle: dwp bank AG, Unternehmensbroschüre, Stand: 31.12.2011.

[144] Die Depots werden von der Union Service Gesellschaft, einer Tochtergesellschaft der Union Asset Management Holding AG, verwaltet. Quelle: eigene Recherche.

[145] Die Depots werden direkt durch die DekaBank AG verwaltet. Quelle: eigene Recherche.

[146] Bei der „UniProfiRente" handelt es sich um ein Altersvorsorge-Produkt der genossenschaftlichen Bankengruppe, das für die Sparleistungen im Zuge der Riesterrente eingesetzt wird und mit den Flaggschifffonds der Union Investment Gruppe, dem „UniGlobal" für das Aktienfondsmanagement und dem „UniEurorenta" für das Rentenfondsmanagement, eine ausgewogene Vermögensverwaltung abdecken will und dadurch „riesterförderfähig" ist. Quelle: Union Investment, Stand: 29.02.2012.

[147] Der *Ausgabeaufschlag* stellt eine reine Vertriebsprovision für den Absatzmittler dar. Quelle: FINANZ-NACHRICHTEN lesen – verstehen – nutzen, S. 717.

[148] Die DAB bank AG verwaltet dabei per 30.06.2011 gem. ihrer Bilanzpressekonferenz vom 26.07.2011 rund 621 Tsd. Wertpapierdepots und ein Kundenvermögen von ca. 27 Mrd. Euro. Quelle: DAB Bank AG unter https://www.dab-bank.de/servicenavigation/investor-relations/unternehmenskalender.html, abgerufen am 12.03.2012.

[149] Die ING-DiBA AG verwaltet per 31.12.2011 gem. ihrer Bilanzpressekonferenz vom 13.02.2012 rund 874 Tsd. Wertpapierdepots mit einem Kundenvermögen von 16,0 Mrd. Euro. Quelle: ING-DiBa AG unter https://www.ing-diba.de/ueber-uns/presse/jahresberichte/, abgerufen am 12.03.2012.

[150] Die Cortal Consors AG verwaltet per 31.12.2010 gem. ihrer Unternehmensbroschüre rund 577 Tsd. Wertpapierdepots und betreut dabei ein Anlage- und Depotvolumen von rund 18,6 Mrd. Euro. Quelle: Cortal Consors AG, Unternehmensbroschüre, Stand: 31.12.2010.

[151] Die comdirect bank AG verwaltet per 31.12.2011 ein Kundenvermögen von rund 24,9 Mrd. Euro in ca. 783,6 Tsd. Depots. Quelle: comdirect bank AG, Unternehmensbroschüre, Stand: 31.12.2011.

schen ING-Konzern zugehörig) sowie Cortal Consors (französische BNP Paribas-Gruppe) befinden sich mehrheitlich im Besitz ausländischer Großbanken. Zusammengenommen verfügen diese Direktbanken über eine große Marktmacht beim Vertrieb von Investmentfondsanteilen und sind damit ein wesentlicher Partner für die Vertriebseinheiten der Fondsgesellschaften geworden. Da sich zukünftig die Sensibilität der privaten Investoren, hinsichtlich eines zu zahlenden Ausgabeaufschlages, noch weiter ausdehnen wird und nur noch wenige bereit sein werden „Einstiegskosten" zu bezahlen ist davon auszugehen, daß die Marktstellung der Direktbanken innerhalb des Wertpapiergeschäftes (und besonders beim Fondsvertrieb) weiter zunimmt. Auch werden die gesetzlichen Verschärfungen, im Bezug auf Außen- wie Innenprovisionen, dazu beitragen, daß sich im Endkundengeschäft ein weiterer Transparenzschub vollzieht. Die nachfolgende Grafik, der über die DAB Bank AG im März 2012 am meisten abgesetzten Fonds, indiziert die Wichtigkeit dieses Absatzkanales für die am Markt befindlichen KAGen.

Abbildung 16: „Die Topseller der DAB Bank AG im März 2012[152]"

	DAB bank Die Direkt Anlage Bank	März 2012
1	HAIG Renten Defensiv	HAFX0A
2	M&G Optimal Income	A0MND8
3	M&W Privat	A0LEXD
4	Carmignac Patrimoine	A0DPW0
5	Morgan Stanley Global Brands	A0NFBG
6	DWS Top Dividende	984811
7	BGF World Mining Fund	986932
8	Pimco Emerging Markets Local Bonds	A0RA57
9	Merit Capital Global Allocation	A1JCWX
10	BNY Mellon Newton American Fund	930429

5.1.4 Investmentfondsvertrieb über freie Vermögensverwalter und Makler

Neben Banken und Sparkassen ist der Vertrieb über freie Vermögensberater, unabhängige Vermögensverwalter und Makler ein wachsender Vertriebskanal. Der Anteil des Gesamtabsatzes in Deutschland ist dabei mit 10,8 % noch eher gering aber in den letzten Jahren stei-

---

[152] Quelle: „Das Investment", abgerufen unter http://www.dasinvestment.com/investments/fonds/top-seller am 10.04.2012. Lesehilfe: Rangliste nach Absatz, WKN des Fonds nebenstehend angegeben.

gend[153]. Ein großer Vorteil unabhängiger Vermittler besteht darin, daß sie über ein breites und uneingeschränktes Fondsuniversum verfügen und dieses auch vollumfänglich ihren Kunden anbieten können. Im Gegensatz dazu steht dem Bankenvertriebskanal nur eine eingeschränkte Produktpalette, die i.d.R. seitens der interen Research-Abteilung freigegeben sein muß, in einer sog. „Guided Architecture" zur Verfügung. Hierin besteht der entscheidende Marktvorteil freier und unabhängiger Vermögensberater. Oftmals verfügen die „Freien" – basierend auf der Einkaufsgemeinschaft über Maklerpools[154] – über deutlich bessere Konditionen und können deshalb Ihre Beratung auf die Produktqualität fokussieren. Häufig werden deshalb auch für die Kunden rabattierte Ausgabeaufschläge angeboten oder gar gänzlich auf diese verzichtet. Die Vergütung des Anlageberaters erfolgt dabei über die Bestandsprovision oder eine vereinbarte Servicegebühr, die jährlich berechnet wird. Das Abstellen auf eine jährliche Servicegebühr macht die Beratung deutlich produktunabhängiger und führt dazu, daß die Fondsauswahl nicht mehr nach „Verdienstaspekten", sondern ausschließlich nach Qualitätsmerkmalen vorgenommen wird. Somit rückt der Kunde in den Mittelpunkt des Beratungsprozesses und nicht die Vergütung. Um den freien Markt der Vermögensverwalter näher beurteilen zu können ist es wichtig die wesentlichen „Einkaufsgemeinschaften", die sog. „Pools" näher zu betrachten. In Deutschland existieren derzeit rund 90 Maklerpools[155], die freien Vermögensverwaltern die Möglichkeit des Fondseinkaufs und die Abwicklung über eine der beschriebenen Fondsplattformen (FFB, ebase oder Augsburger Aktienbank) anbieten. Dabei spielen, aufgrund ihrer Größe an verwalteten Assets bzw. der Anzahl der über sie abwickelnden Vermögensverwalter, die nachfolgenden 6 Investment- und Versicherungs-Pools eine marktbeeinflussende Rolle[156]. Nachfolgend werden diese Pools näher vorgestellt und auf ihre Historie sowie ihre zukünftige Position im Vermittlermarkt eingegangen.

---

[153] Vgl. hierzu auch „Die Bank", März 2010, S. 3.
[154] Unter einem Maklerpool ist i.d.R. eine Einkaufsgemeinschaft zu verstehen, die über das sog. „Pooling" beim Einkauf von Finanzprodukten verbesserte Konditionen erhält und diese zum großen Teil wieder an die angeschlossenen Vermittler weitergibt. Seit einigen Jahren stellen Maklerpools auch Haftungsdächer zur Verfügung, die es freien Vermögensberatern ermöglicht, über die reine Investmentfondsvermittlung hinaus, direktes Wertpapiergeschäft ihren Kunden anzubieten. Je mehr AuM die Pools verwalten, umso höher ist die Möglichkeit Skaleneffekte beim Einkauf der Produkte zu erzielen und an die Poolpartner weiterzugeben. Quelle: eigene Recherche.
[155] Vgl. hierzu auch Cash, „Maklerpools und Verbünde", Ausgabe 03/2012, S. 78-79.
[156] Vgl. hierzu Cash-online, „Die Liste der größten Poolgeschäften" unter http://www.cash-online.de/cash-hitlisten/maklerpools/maklerpool-hitliste-2011, abgerufen am 12.04.2012.

BCA[157]

Der Maklerpool BCA[158] wurde 1985 ursprünglich als Einkaufsgemeinschaft für unabhängige Versicherungs- und Finanzmakler gegründet und hat zum Ziel für (die angeschlossenen Vermittler) als Abwicklungsunternehmen zu fungieren. Neben der Möglichkeit der Abwicklung versucht die BCA seinen Pool-Partnern auch elementare Informationen zu Finanzprodukten zur Verfügung zu stellen und damit die Grundlage für eine qualifizierte und v.a. produktunabhängige Allfinanz-Beratung zu schaffen. Dabei steht die Auswahl geeigneter Investment-, aber auch Finanzierungs- und Versicherungslösungen durch das hauseigene Research sowie eine technische Unterstützung (durch entsprechende Software-Lösungen) im Vordergrund. Sowohl Lösungen für die administrative Verwaltung von bspw. Kundendaten, aber auch die Abwicklung des gesamten Orderprozesses auf „Bankniveau" wird durch die BCA-Plattform zur Verfügung gestellt. Dadurch stehen den Poolpartnern analoge und teilweise überlegene Systeme (im Vergleich zum Bankenvertrieb) zur Verfügung. Seit Gründung der Gesellschaft konnte die BCA über 10.000 Pool-Partner für sich gewinnen. Über diese Partner verwaltet der Pool per 31.12.2011 rund 4,7 Mrd. Euro an AuM und administriert mehr als 50.000 Versicherungsanträge (mit einer Nettoprämie von 100 Mio. Euro) jährlich. Neben Jung, DMS und Cie. AG ist die BCA eine der ältesten und größten Poolgesellschaften in Deutschland. Größe ist aber nicht das alleinige Kriterium bei der anstehenden Konsolidierung unter den Poolgesellschaften. Es gilt ggf. über Skaleneffekte und schlanke Strukturen die Kostenseite zu optimieren. Auch die Breite des Geschäftsmodells, neben der Investmentfondsvermittlung auch Versicherungslösungen oder das Haftungsdach anzubieten, wird der BCA helfen im Markt weiter bestehen zu können.

Jung, DMS und Cie. AG[159]

Durch Zusammenschluß der DMS Deutsche Maklerservice AG, der Dr. Jung & Partner GmbH und der Finanzplan Fonds-Marketing GmbH im September 2003 entstanden, gehört die Jung, DMS & Cie. Gruppe mit seinen Standorten in Grünwald (bei München), Wiesbaden sowie in Wien zu den größten Poolgesellschaften am deutschen Markt. Insgesamt ist die Gesellschaft ein Bestandteil der Aragon Gruppe. Die Ursprünge der Gruppe gehen bereits auf das Jahr 1958 mittels der Dr. Jung & Partner GmbH zurück. Das Unternehmen darf wohl als

---

[157] Quelle: Unternehmensdarstellung der BCA AG wurde unter http://www.bca.de/page/unternehmen/263 am 12.03.2012 abgerufen.
[158] Ursprünglich als „**B**aufinanzierungsberatung durch **C**omputer-**A**nalyse BCA GmbH" gegründet und 1986 in „**BCA B**eratungsgesellschaft durch **C**omputer-**A**nalyse mbH" umfirmiert. Quelle: BCA AG.
[159] Quelle: Unternehmensangaben zur Gesellschaft und der Konzerngruppe wurden am 18.03.2012 unter http://www.jungdms.de/maklerpool/web/Unternehmen.htm;jsessionid=07A0FE523D8998475CC52DCF5A15B392 abgerufen.

erste Poolgesellschaft und Pionier in Deutschland bezeichnet werden. Die damalige Partnergesellschaft begann ihre Tätigkeit mit dem Fokus auf die Vermittlung ausländischer Investmentgesellschaften wie Pioneer Investments oder Franklin Templeton und verschaffte sich damit – im Vergleich zu den verbundnahen Bankvertrieben – bereits sehr früh eine gute Stellung im Markt der freien Vermittler. Auch nach Integration der Ursprungsgesellschaft im Jahr 2003 stellen die hieraus entstandenen Poolpartnerschaften eine wesentliche Säule des heutigen Gesamtunernehmens, der Jung, DMS und Cie. AG, dar.

Über die Gruppe stehen den Poolpartnern neben Investmentprodukten auch der Beteiligungs- (geschlossene Beteiligungen in Schiffs- oder Flugzeugfonds) und Versicherungsbereich zur Verfügung. Ergänzend dazu wurde über die Jung, DMS & Cie. GmbH in Wien ein Haftungsdach installiert, das neben der reinen Fondsvermittlung auch die Abwicklung aller Bankprodukte ermöglicht. Die Gesamtgruppe verwaltet zum 31.12.2011 ein Anlagevolumen von 3,6 Mrd. Euro im Investmentfondsbereich und hat mehr als 14.500 Poolpartner in Deutschland sowie ca. 4.000 in Österreich und Osteuropa an sich gebunden.

Es ist davon auszugehen, daß die Jung, DMS und Cie. AG auch zukünftig eine wesentliche Rolle im Markt der freien Vermittler oder (über das Haftungsdach) angeschlossenen Tied Agents[160] spielen wird. Ein weiterer Schritt stellte dabei die Übernahme der Finum Finanzhaus AG sowie der SRQ AG, als an die Gruppe angeschlossene Vertriebsorganisationen, dar[161]. Neben Größe und Breite des angebotenen Produkt- und Dienstleistungsangebots (Abwicklung sowie CRM-Tools und Research) zeigen sich aktuell auch Tendenzen, daß eine Zusammenarbeit der größten Pools untereinander stärker in den Vordergrund rückt. So wird am 26.04.2012 mit der „Pools and Finance" (in Darmstadt) die größte „Einkäufermesse" für freie Finanzdienstleister stattfinden. Dabei stellen neben der Jung, DMS und Cie. Gruppe, die BCA AG, die FondsKonzept AG und der VuV (als Dachorganisation der unabhängigen Vermögensverwalter) erstmals in der Historie die großen Pools gemeinsam aus[162]. Auch das kann als erstes Indiz gewertet werden, daß diese Einkaufsgemeinschaften zukünftig noch stärker kooperieren oder sich zusammenschließen werden.

---

[160] Tied Agent bedeutet, der Vermittler hat sich den Regularien des Haftungsdaches, das vom BaFin reguliert wird, unterworfen und darf nur vom Haftungsdach freigegebene Produkte im Namen des Haftungsdaches vermitteln. Quelle: http://www.financeglossary.net/definition/3425-Tied_Agent, abgerufen am 12.04.2012.
[161] Die Finum Finanzhaus AG entstand als Absplitterung aus der Bonnfinanz Gruppe und die SRQ AG war (bis zur Übernahme durch die Jung, DMS und Cie. Gruppe) der mobile Vertriebsarm der DAB Bank AG. Quelle: Jung, DMS und Cie. AG, veröffentlicht in „poolnews – Das Magazin", Ausgabe 01/2012.
[162] Quelle: Informationen zur „Pools and Finance" abgerufen unter http://poolsandfinance.de/ am 18.03.2012.

Netfonds AG[163]

Die Netfonds AG gehört zu den „jüngeren" am Markt befindlichen Poolgesellschaften und wurde im Jahr 2000 gegründet. Die Idee der Gründungsmitglieder Karsten Dümmler und Martin Steimeier wurde dabei, analog aller anderen am Markt befindlichen Pooldienstleister, auf den Fondsvertrieb über (angebundene) Makler fokussiert und sollte über eine sehr starke EDV-Unterstützung v.a. das qualitative Segement der Vermittler (mit überdurchschnittlich gehaltenen AuM) ansprechen. Hohe Investitionen in die eigene Abwicklungs- und Servicesoftware und die Gründung einer Softwareentwicklungsgesellschaft (der fundsware GmbH im Jahr 2001) unterstrichen diesen Ansatz. Im Nachgang daran wurde die vorhandene EDV-Plattform auf alle Geschäftsbereiche des Maklergeschäfts ausgeweitet und deckt mittlerweile alle Rubriken, von der CRM-Kundendatenbank über Beratungsdokumentation bis hin zur Bestandsverwaltung, ab. Als Pioneer unter den Pools erkannte die Netfonds AG die Möglichkeiten der Geschäftserweiterung durch Gründung eines Haftungsdaches (der heutigen netfonds financial services GmbH). Die Initiierung eines Haftungsdachangebotes im Jahre 2004 hat die Gesellschaft in die Lage versetzt, insbesondere qualitative hochwertige Partner (i.d.R. ehemalige Bankberater, die über einen hohen Wertpapierbestand verfügen), sog. „Tied Agents", an den Haftungsverbund anzubinden. Seit Gründung des Haftungsdaches wächst die Netfonds-Gruppe überdurchschnittlich in diesem Bereich und verfügt über mehr als 160 angeschlossene Tied Agents. Neben den beschriebenen Dienstleistungen bietet Netfonds alle Möglichkeiten der Abwicklung von Beteiligungs-, Versicherungs- und Baufinanzierungsgeschäften an. Mit dem gesamten Dienstleistungsportfolio wurden im Jahr 2011 rund 50 Millionen Provisionsumsatz erzielt und damit der höchste Umsatz pro angeschlossenen Poolpartner im bundesweiten Vergleich der Poolgesellschaften[164]. Durch die konsequente Ausrichtung auf Qualität und Technikführerschaft zählt die Netfonds-Gruppe zu den am stärksten wachsenden Pools der letzten Jahre und es ist davon auszugehen, daß die Gesellschaft – durch die vorhandene Haftungsdachlösung – auch zukünftig zu den maßgeblichen Akteuren unter den deutschen Poolgesellschaften gehören wird. Auf dem Branchentreff der Fondsindustrie, dem Fondsprofessionell Kongress wurde die Netfonds AG mit dem „Service Award 2012" für überdurchschnittliche Service- und Abwicklungsleistungen ausgezeichnet, was die Marktführerschaft in puncto Qualität unterstreicht[165].

---

[163] Quelle: Informationen zum Unternehmen wurden der Website http://www.netfonds.de/ entommen und am 18.03.2012 abgerufen.
[164] Quelle: Unternehmensangaben der netfonds AG vom 19.03.2012 (eigene Recherche und Befragung).
[165] Quelle: http://www.fondsprofessionell.de/kongress/2012/ abgerufen am 12.04.2012.

FONDSNET Holding GmbH[166]

Fondsnet ist einer der Pioniere am deutschen Poolmarkt und wurde bereits 1995 durch die beiden Gründungsgeschäftsführer Klaudia Scheidt und Walter Becker gegründet. Nachdem in den ersten Jahren nach Gründung die direkte Fondsvermittlung für Endkunden im Fokus stand wurde Ende des Jahrtausends das Geschäftsmodell auf die Poolfunktion, als „Einkaufsgemeinschaft für Finanzvermittler", ausgeweitet. Ein weiterer zukunftsweisender Schritt, ähnlich wie ihn die Netfonds AG gegangen ist, wurde mit der 50 %-Beteiligung am Haftungsdach der BN & Partner Deutschland AG vollzogen, um auch Poolpartnern die Möglichkeit zu geben eine vollumfängliche Wertpapierberatung (über die reine Investmentfondsvermittlung hinaus) ihren Endkunden anzubieten. In gleicher Weise wie bei der Netfonds AG wird damit der Zugang zu qualitativ hochwertigen Vermittlern erreicht, die i.d.R. über deutlich mehr AuM verfügen als reine Fondsvermittler (mit 34e GwO Lizenz). Über diese Ausweitung des Leistungsspektrum konnte Fondsnet bereits mehr als 2.300 Haftungsdach-Partner an sich binden und hat zudem weitere 12.000 Fondsvermittler, die den Pool als Abwicklungsplattform nutzen. Insgesamt verwaltet Fondsnet darüber rund 3,5 Mrd. Euro Fondsvolumen und ist nach der BCA AG und Jung, DMS und Cie. AG als die größte und am stärksten wachsende Poolgesellschaft zu bezeichnen.

FondsKonzept AG[167]

Die Fondskonzept AG gilt als einer der „Newcomer" am deutschen Poolmarkt und wächst in den letzten Jahren sehr stark. Das Unternehmen wurde im Jahr 2000 als unabhängiger Verbund von Maklern zur Fondsvermittlung gegründet. Fokus bei Gründung waren insbesondere eine sehr gute technische Unterstützung (der Poolpartner) bei der Abwicklung und eine geringe Kostenbelastung sowie eine hohe Durchreichung von Bestandsprovisionen. Dabei bietet die Gesellschaft schon Vermittlern ab einem Volumen von 2,5 Mio. Euro AuM eine Möglichkeit sich anzubinden und von den Einkaufskonditionen des Pools zu partizipieren. Neben der Fondsvermittlung besteht auch die Möglichkeit Beteiligungen und Versicherungen abzuwickeln oder die Nutzung eines Haftungsdaches in Anspruch zu nehmen. Durch die Schaffung einer Holding Struktur, der FondsKonzept Holding AG im Jahre 2007, besteht für Poolpartner auch die Möglichkeit sich direkt am Pool zu beteiligen und an der Geschäftsentwicklung des Unternehmens teilzuhaben. Entscheidend für das weitere Wachstum ist dabei die – sich vom Markt qualitativ abhebende – Maklersoftware. Sie ermöglicht es den angeschlosse-

---

[166] Quelle: Informationen zu Unternehmen, Struktur sowie die angeschlossenen Partner und Tied Agents wurden am 04.04.2012 unter http://www.fondsnet.de/unternehmen_fn.php?act=historie&mbstr=1 abgerufen.
[167] Quelle: Unternehmensangaben wurden am 04.04.2012 unter http://fondskonzept.ag/Pages/id=14.html abgerufen.

nen Partnern eine Abwicklungs- und Servicequalität sicherzustellen, die in großen Teilen einer Banksoftware überlegen ist. Deshalb werden Unternehmensinvestitionen mehrheitlich in die Weiterentwicklung dieser Software getätigt, um auch zukünftig technischer Marktführer unter den Poolgesellschaften zu sein. Daneben stellt die, aufgrund schlanker Poolstrukturen sichergestellte, hohe Durchreichungsquote bei den Provisionen einen entscheidenen USP für das weitere Unternehmenswachstum dar.

Fonds Finanz Maklerservice GmbH[168]

Die Fonds Finanz Maklerservice GmbH hat ihre Ursprünge in der Vermittlung von Versicherungsdienstleistungen. Allerdings wird das Geschäftsmodell in den letzten Jahren stärker auf die Vermittlung von Fondsanlagen fokussiert. Die Stabilität der Erträge, aufgrund der hohen Verischerungsbestände, versetzt die Gesellschaft dabei in die günstige Situation das Fondsvermittlungsgeschäft zunächst quer zu subventionieren. Denn die Marktausdehnung in diesem Geschäftsfeld wird vorrangig über „Kampfkonditionen" bei der Provisionsdurchreichung vorgenommen. Deshalb gilt die Fondsfinanz AG am Markt als der Pool, der die höchsten Bestandsprovisionen an die Poolpartner weitergiebt. Ziel dieser Strategie ist es sehr schnell auf eine entsprechende Bestandsbasis an AuM zu kommen, die dann Investitionen in das Geschäftsfeld trägt. Dabei ist die gute wirtschaftliche Situation der Gesellschaft ein entscheidender Marktvorteil gegenüber den Mitbewerbern am Poolmarkt.

Die Fonds Finanz Maklerservice GmbH konnte im Geschäftsjahr 2010 ein Ergebnis der gewöhnlichen Geschäftstätigkeit von 6,2 Mio. Euro (2009: 2,0 Mio. Euro) sowie einen Jahresüberschuß von 3,9 Mio. Euro (2009:1,2 Mio. Euro) erzielen und liegt damit deutlich vor den anderen Pools am Markt[169]. Die Gesellschaft verfügt (aufgrund dieser hervorragenden Geschäftsentwicklung) über mehr als 6 Mio. Euro Eigenkapital und ausreichend finanzielle Mittel auch zukünftig in das Geschäftsfeld des Fondsvermittlungsmarktes zu expandieren.

5.1.5 Investmentfondsvertrieb über Struktur- und Versicherungsvertriebe

Nicht unwesentlich beim Absatz von Investmentfonds – insbesondere im Versicherungsmantel als fondsgebundene Versicherungspolice „verpackt" – sind die sog. Strukturvertriebe und vertriebsstarken Versicherungsgesellschaften. Unter den großen Vertrieben ist insbesondere

---

[168] Quelle: Unternehmensangaben wurden am 04.04.2012 unter http://www.fondsfinanz.de/unternehmen/zahlen/ abgerufen.

[169] Vgl. hierzu auch „Die Liste der größten Poolgesellschaften" unter http://www.cash-online.de/cash-hitlisten/maklerpools/maklerpool-hitliste-2011 abgerufen am 12.04.2012.

die Deutsche Vermögensberatung AG (DVAG), der Allgemeine Wirtschaftsdienst (AWD) und MLP AG zu nennen. Daneben wird ein erheblicher Anteil fondsbasierter Versicherungslösungen auch direkt über die Vertriebe der Versicherungsgesellschaften abgesetzt. Aus diesem Grund sind, neben Maklerpools und Strukturen, v.a. Versicherungsgesellschaften ein wesentlicher Absatzkanal für Investmentgesellschaften. Nachfolgende Darstellung verdeutlicht über wieviele Vermittler der deutsche Versicherungsmarkt verfügt.

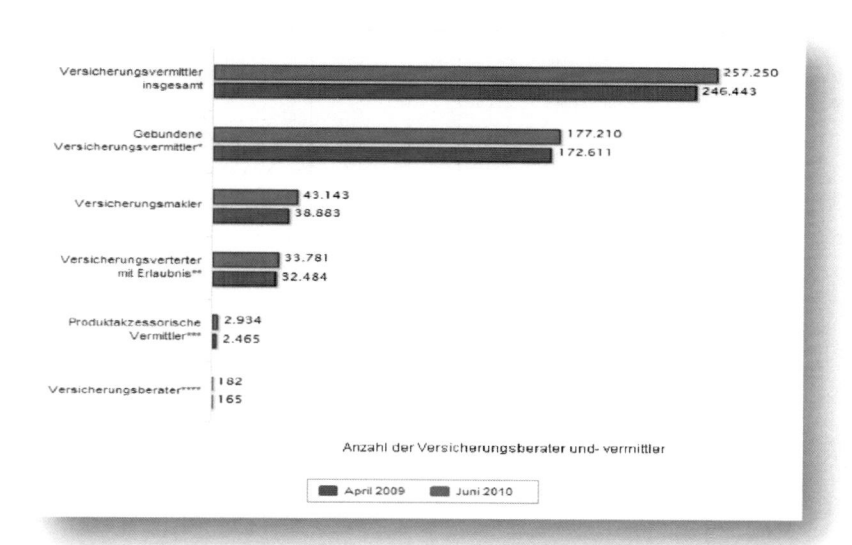

Abbildung 17: „Anzahl der selbstständigen Versicherungsberater/-vermittler[170]"

Kategorie	April 2009	Juni 2010
Versicherungsvermittler insgesamt	257.250	246.443
Gebundene Versicherungsvermittler*	177.210	172.611
Versicherungsmakler	43.143	38.883
Versicherungsvertreter mit Erlaubnis**	33.781	32.484
Produktakzessorische Vermittler***	2.934	2.465
Versicherungsberater****	182	165

Es ist davon auszugehen, daß seitens der Versicherer – bedingt durch das Absenken des Garantiezinses zum 31.12.2011 auf 1,75 % p.a. – fondsgebundene Versicherungslösungen priorisiert werden. Das liegt zum einen daran, daß mit dem abgesenkten Garantiezins nur noch wenige Kunden für die klassische Kapitallebens- oder Rentenversicherungen begeistert werden können. Ein weiterer Grund ist darin zu finden, daß die „Versicherungsverkäufer" das „Brand" der in der Police hinterlegten Investmentgesellschaft nutzen, um gegenüber Ihren Kunden Unabhängigkeit und Fachexpertise zu suggerieren. So „verkaufen" sich Fondspolicen mit (unterlegten) Fremdfonds deutlich einfacher wie versicherungseigene Fonds aus dem selben (Versicherungs-)Konzern. Das Argument neben der Unabhängigkeit besteht aber auch

---

[170] Quelle: Deutscher Industrie- und Handelskammertag (DIHK) im Erhebungszeitraum von April 2009 bis Juni 2010, veröffentlicht im Juni 2010. Erklärungshinweise: *Von Versicherungsunternehmen registrierte Einfirmenvertreter i.S.v. § 34d Abs. 4 GewO. **Ein- und Mehrfirmenvertreter mit Gewerbeerlaubnis der zuständigen IHK.*** Gewerbetreibende, die Versicherungen als Ergänzung der im Rahmen ihrer Haupttätigkeit gelieferten Waren oder Dienstleistungen vermitteln und ihre Tätigkeit unmittelbar im Auftrag eines oder mehrerer Versicherungsvermittler, die Inhaber einer Erlaubnis sind, oder eines oder mehrerer Versicherungsunternehmen ausüben (§ 34d Abs. 4 GeWO).**** Gewerbetreibende, die über Versicherungen beraten, ohne von einem Versicherungsunternehmen einen wirtschaftlichen Vorteil zu erhalten oder von ihm in anderer Weise abhängig zu sein (§ 34e GeWO).

häufig darin, daß die – für den Sparanteil der Versicherung – ausgewählten Fonds oftmals den sog. „Performance-Hitlisten[171]" entspringen und sich schon deshalb sehr einfach bei den Kunden absetzen lassen. Die nachfolgende Grafik gibt einen Überblick der von Versicherungsvermittlern präferierten Produkte.

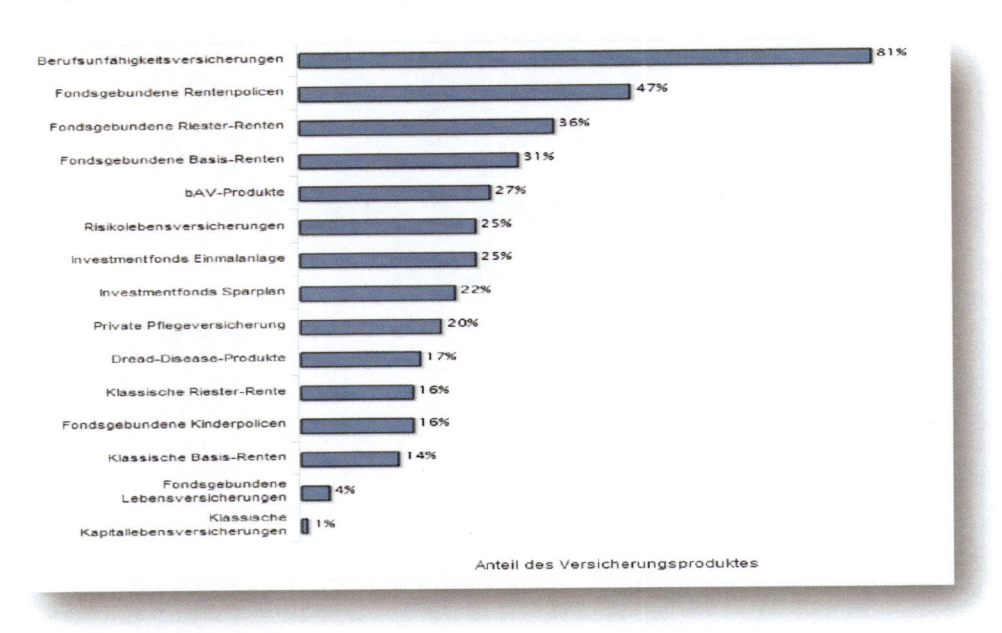

Abbildung 18: „Welche Produkte werden Sie im Versicherungsjahr 2011 verkaufen?[172]"

Produkt	Anteil
Berufsunfähigkeitsversicherungen	81%
Fondsgebundene Rentenpolicen	47%
Fondsgebundene Riester-Renten	36%
Fondsgebundene Basis-Renten	31%
bAV-Produkte	27%
Risikolebensversicherungen	25%
Investmentfonds Einmalanlage	25%
Investmentfonds Sparplan	22%
Private Pflegeversicherung	20%
Dread-Disease-Produkte	17%
Klassische Riester-Rente	16%
Fondsgebundene Kinderpolicen	16%
Klassische Basis-Renten	14%
Fondsgebundene Lebensversicherungen	4%
Klassische Kapitallebensversicherungen	1%

Anteil des Versicherungsproduktes

Um von der vertriebsstärke der Versicherungsgesellschaften profitieren zu können ist es für die Fondsgesellschaften entscheidend mit den absatzstärksten Gesellschaften zusammenzuarbeiten und Produktkooperationen einzugehen. Aufgrund dieser Bindung kann es der Fondsgesellschaft möglich sein in die sog. „Top-Seller-Listen" der Versicherer zu gelangen und bei den abgesetzten Verträgen entsprechend Berücksichtigung zu finden. Da unabhängige Makler, neben der Direktanlage in Investmentfonds, auch Fondslösungen im Versicherungsmantel anbieten werden in der Fondspolice häufig ähnliche Produkte wie bei der Einmalanlage hinterlegt. Aus diesem Grund ist es für Investmentfondsgesellschaften wichtig freie Makler für Ihre Produkte zu gewinnen, denn dadurch wird der Absatz in beiden Kanälen – direkt über Poolgesellschaften und indirekt über Versicherungen (innherhalb der Fondspolice) – forciert. Die nachfolgende Grafik zeigt eine Übersicht der Investmentsfonds, die in den meisten Fondspolicen der Versicherer anwählbar sind.

---

[171] Vgl. hierzu auch die **Abbildung Nr. 31** im Anhang, die eine aktuelle Rangliste des Wirtschaftsmagazins „Wirtschaftswoche" darstellt.
[172] Quelle: „Das Investment", Nr. 10/11, 15. September 2011, S. 48.

Abbildung 19: „Top-Fonds der Versicherer in Deutschland im Jahr 2010[173]"

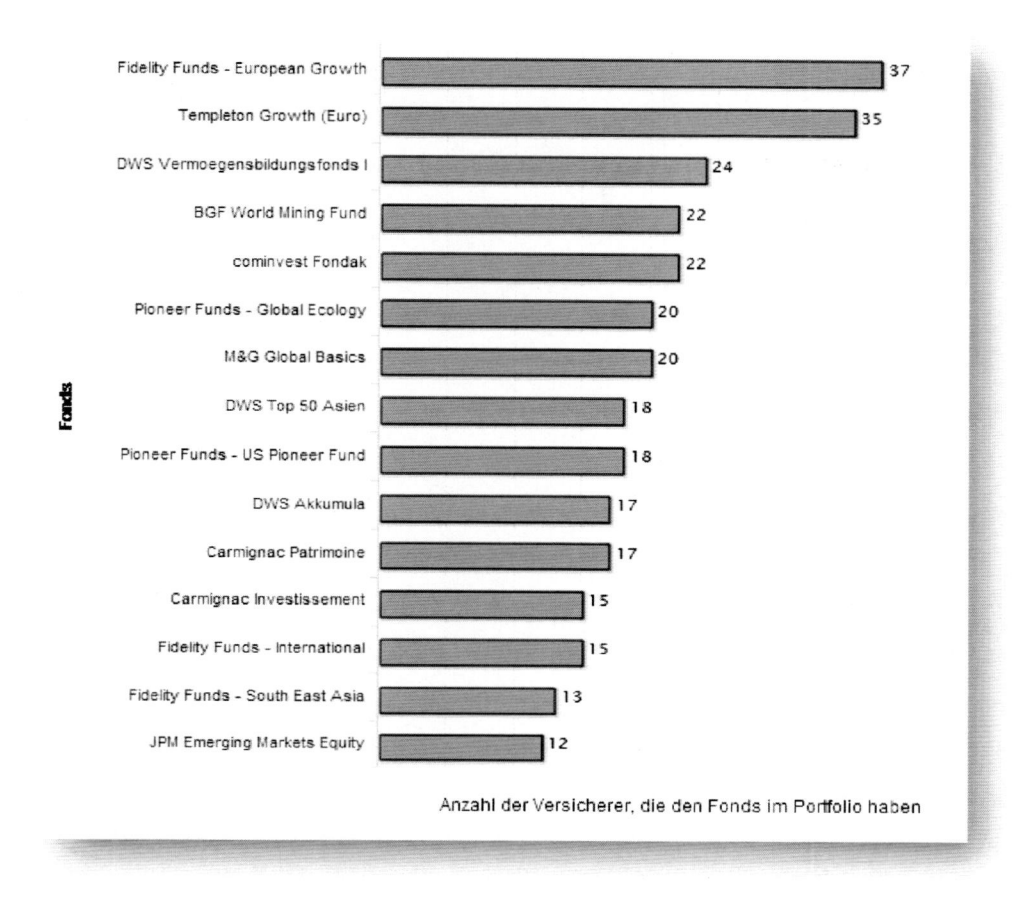

Fonds	Anzahl der Versicherer, die den Fonds im Portfolio haben
Fidelity Funds - European Growth	37
Templeton Growth (Euro)	35
DWS Vermoegensbildungsfonds I	24
BGF World Mining Fund	22
cominvest Fondak	22
Pioneer Funds - Global Ecology	20
M&G Global Basics	20
DWS Top 50 Asien	18
Pioneer Funds - US Pioneer Fund	18
DWS Akkumula	17
Carmignac Patrimoine	17
Carmignac Investissement	15
Fidelity Funds - International	15
Fidelity Funds - South East Asia	13
JPM Emerging Markets Equity	12

5.2 Determinanten des Vertriebserfolgs

Aufgrund eines deutlich gestiegenen Informationsangebotes im Bereich der Finanzmärkte, insbesondere über das Medium Internet, haben sich Finanzdienstleistungen, aber auch die Berater-Kunde-Beziehung, wesentlich verändert. So sieht sich der Retail-Vertrieb immer häufiger sehr informierten Endanlegern gegenüber, die kosten- wie produktseitig deutlich höhere Ansprüche (wie in der Vergangenheit) stellen. Auch wenn die Komplexität der Produkte deutlich zugenommen hat bestehen unter den Anbieterprodukten qualitativ nur noch geringe Unterschiede. D.h. in diesem wettbewerbsintensiven Umfeld unterscheiden sich die Kompetitoren kaum noch voneinander und die jeweilige Asset-Management-Dienstleistung kann bei sehr vielen Marktteilnehmern erworben werden. Heißt auch, daß Produktqualität, hervorragendes Risikomanagement und (Fonds-)Performance kein wesentliches Unterschei-

---

[173] Quelle: Feri EuroRating, veröffentlicht im Juni 2010. Die Zahlen basieren auf einer Studie von Feri EuroRating. Hierbei wurden 2.994 Fonds untersucht, die von mehr als 60 Versicherungen innerhalb ihrer fondsgebundenen Versicherungsprodukten zur Auswahl angeboten wurden. Die Analyse wurde zum Stichtag 30. April 2010 durchgeführt.

dungsmerkmal im Vertrieb mehr darstellen. Deshalb wird für Asset-Manager immer wichtiger, daß sie über eine hochwertige Vertriebsmannschaft verfügen, die mittels intensivem Relationship-Management Marktvorteile erreichen kann. Hierbei ist zwischen institutionellem und retailorientiertem Vertrieb zu unterscheiden. Für beide Vertriebskanäle gilt aber uneingeschränkt, daß eine ausgeprägte Vertrauensbasis zum Asset-Manager unabdingbar ist. Da dem Asset-Manager eine treuhänderische Funktion zukommt, muß erkennbar sein, daß alle Anlageentscheidung zur Nutzenmaximierung des institutionellen wie auch retailorientierten Investors getroffen werden. Besonders im institutionellen Asset Management besteht dabei eine Principal-Agent-Beziehung in der der Investor (als Principal) ein besonders starkes Vertrauen zum Asset Manager (als Agenten) haben muss.

Um ein dauerhaftes und belastbares (belastbar bedeutet in diesem Zusammenhang auch mit einer negativen Asset-Management-Leistung respektive Fonds-Performance belastbares) Vertrauensverhältnis aufbauen zu können sollten die Vertriebsmitarbeiter wichtige Kernkompetenzen mitbringen. In erster Linie müssen Repräsentanten von Fonds-gesellschaften fachlich sehr gut ausgebildet sein. Was für den institutionellen Vertrieb, der häufig neben einer akademischen auch eine fachspezifische Ausbildung wie den CFA[174] verlangt, als gesetzt gilt, wird für den Retailvertrieb immer wichtiger, denn auch hier steigen die Anforderungen der Kunden, die durch gut ausgebildete Vermögensverwalter repräsentiert werden. Häufig finden sich auf dem Sektor des nichtinstitutionellen Vertriebs Kunden mit einer sehr langen praktischen Historie, die über die des Vertriebsmitarbeiters hinausgeht. Deshalb wird, neben der reinen Finanzmarktexpertise, auch eine breitgefächerte Allgemeinbildung sowie ein umfassendes Setup an geeigneten Arbeitsmethoden (zur Optimierung zeitlicher und personeller Ressourcen) immer wichtiger[175].

In den nachfolgenden Kapiteln werden die entscheidenden Absatzfaktoren wie Produktmarketing, der Aufbau einer Marke, umfassender Kundenservice und ganz besonders die Produktqualität näher untersucht und ihre Wirkungsweise verifiziert.

5.2.1 Erfolgsfaktor Branding und Marketing

Selbst im Lehman-Krisenjahr 2008 sammelte die Fondsindustrie mittels ihrer – über Jahre marketingtechnisch und öffentlichkeitswirksam aufgebauten – sog. „Ranglisten-Flaggschiffe" wie bspw. dem *Templeton Growth Fund* – insgesamt rund 15 Mrd. Euro ein, während der

---

[174] Quelle: Informationen zum CFA-Examen wurden am 12.04.2012 unter http://www.frankfurt-school.de/content/de/education_programmes/professional_programmes/cfa abgerufen.
[175] Vgl. hierzu Herzog, Marc / Johannig, Lutz / Rodewald, Maik: „Handbuch Vertriebs-Exzellenz im Asset Management, Uhlenbruch Verlag, 2008, S. 5-10.

Gesamtabsatz in Publikumsfonds insgesamt um mehr als rund 28 Mrd. Euro zurückging[176]. In den Jahren 2006 und 2007 gingen die Zuflüsse per Saldo zu einem Großteil auf das Konto dieser „Bestseller[177]". Dabei entscheidet der flächendeckende Bankenvertrieb (aufgrund seiner enormen Vertriebsmacht) was in die Depots der Bankkunden allokiert wird. AGI, die Asset-Management-Tocher der Allianz Gruppe, und die DWS, Fondstochter des Deutsche-Bank-Konzerns, sowie die DekaBank der Sparkassen und die Union Investment aus dem genossenschaftlichen Bankenbereich, verfügen über „eigene" Verbundstrukturen, die einen Großteil des Absatzes „nahezu garantieren". So weisen die Fondsabsatzzahlen in Deutschland bis Mai 2011 deutlich darauf hin, daß die Vertriebskanäle der Verbünde wieder sehr stark die eigenen Produkte platzieren konnten[178].

Die Frage danach, was Marken hinsichtlich ihrer Absatzwirkung zu leisten vermögen wird in der Fondsindustrie sehr kontrovers diskutiert. So ist im institutionellen Asset Management die Bedeutung der Marke eher von untergeordneter Rolle. Im endkundennahen Retailgeschäft über Publikumsfonds dagegen ist, wie bereits im Vorgang dieses Kapitels beschrieben, die Marke ein wesentlicher Vertriebsvertärker, der in nicht unerheblicher Weise die Verkäufer von Fonds beeinflußt[179]. Auch kann davon ausgegangen werden, daß eine positive öffentliche Wahrnehmung (und in diesem Zusammenhang eine wohlwollende Presse) den Absatz für den „verkaufenden" Berater deutlich vereinfacht. Zumal der Gesprächseinstieg bei einem bekannten und positiv besprochenen Produkt wesentlich einfacher fällt als bei einem wenig in der Öffentlichkeit bekannten. Schon das leitet ein häufigeres „Zugreifen" bei bekannteren Fonds, die über ein Brand verfügen, ab. Auch verstärken positive Artikel und Bewertungen von Fachzeitschriften wie „BörseOnline", „Focus Money", „Capital" oder „Das Investment" die Wahrnehmung der „Fonds-Marken" – insbesondere, wenn diese häufig auf den vorderen Rängen der Beliebtheitsskala von Fondskunden auftauchen. Die Wirkung von Auszeichnungen und Awards wird zwischenzeitlich von den Investmentgesellschaften marketingtechnisch aufgenommen und entsprechend bei der Bewerbung der Produkte verwandt. So zeigt die Befragung bei Privatkunden aus dem Jahr 2007, welch hohen Bekanntheitsgrad die Verbund-Fondsgesellschaften Deka, Union Investments, DWS Investments oder AGI erreicht haben.

---

[176] Vgl. BVI, Investmentstatistik per 31.12.2008.
[177] Vgl. BVI, Investmentstatistik per 31.12.2006 und 31.12.2007.
[178] Vgl. BVI, Investmentstatistik per 31.05.2011.
[179] Vgl. hierzu The Bank of New York, "The Battle for Sales: Brand versus Performance", 2006.

Abbildung 20: „Welche Investmentgesellschaften sind Ihnen persönlich bekannt?[180]"

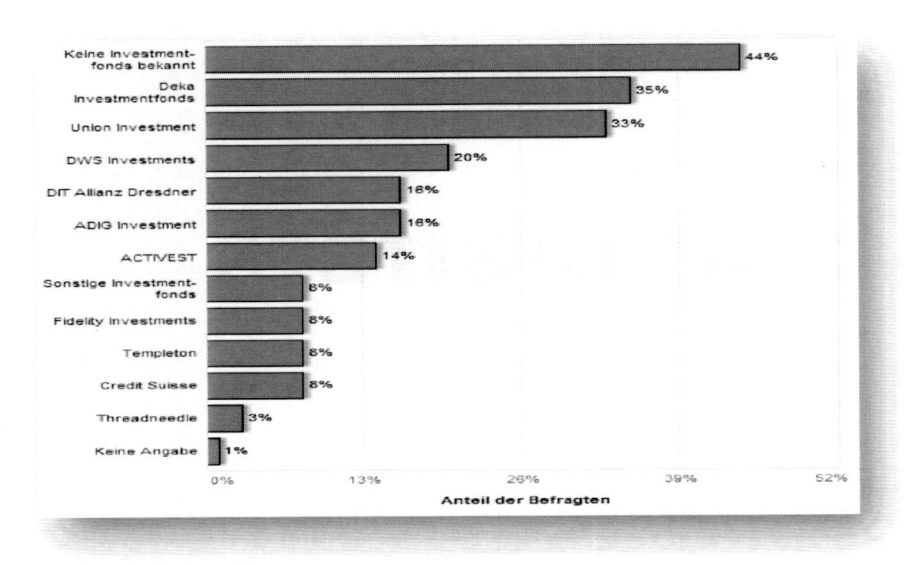

Investmentgesellschaft	Anteil der Befragten
Keine Investmentfonds bekannt	44%
Deka Investmentfonds	35%
Union Investment	33%
DWS Investments	20%
DIT Allianz Dresdner	18%
ADIG Investment	18%
ACTIVEST	14%
Sonstige Investmentfonds	8%
Fidelity Investments	8%
Templeton	8%
Credit Suisse	8%
Threadneedle	3%
Keine Angabe	1%

Im Gegensatz zur Privatanlegerstudie aus dem Jahr 2007 kommt die, im Rahmen dieses Buches unter Finanzintermediären durchgeführte, Befragung auf ein deutlich anderes Bild. So ist die mit Abstand am meisten genannte Fondsgesellschaft die französische Investmentboutique Carmignac Gestion aus Paris. Wesentlich dahinter findet sich erst der deutsche Marktführer DWS Investments. Bereits an dritter Stelle, der von den Finanzintermediären eingesetzten Fondsgesellschaften, kommt die schweizer Investment-boutique ETHENEA, die in ähnlicher Weise wie Carmignac Gestion (in den Jahren nach der Finanzkrise 2008) deutlich an Marktanteilen gewinnen konnte und sich innerhalb der deutschen Fondsindustrie etabliert hat. Das gilt in analoger Weise auch für die beiden Fondsboutiquen aus Köln, der Sauren Fonds Service AG sowie die Flossbach von Storch AG, die wohl als der Aufsteiger des Jahres 2011 unter den deutschen Fondsgesellschaften bezeichnet werden kann. Unter den großen Gesellschaften unterstreicht die DWS Investments ihre breite Marktdurchdringung mit dem 2. Platz – hier deckt sich der Penetrationsgrad mit dem Marktanteilsgrad, den die Fondstochter des Deutsche-Bank-Konzerns seit Jahren stabil im Markt hält.

Auffällig ist, wie stark sich Franklin Templeton Investments im Markt verfestigt hat. Im Vergleich zu Pioneer Investments, die den „First Mover" der ersten ausländischen Fondsgesellschaft am deutschen Fondsmarkt hatten, wird deutlich, wie sehr sich intensives Relationship Management sowie Brand-Building für Franklin Templeton ausgezahlt haben.

---

[180] Vgl. Ifak Institut, veröffentlicht am 21.11.2007, Mehrfachnennungen waren möglich. Darstellung: entnommen aus www.statista.com.

Für Fidelity Investments ist das Ergebnis dieser Umfrage ein Anzeichen für eine erhebliche Wahrnehmungsverschlechterung unter den Intermediären. Eine weitere Erkenntnis aus der Befragung läßt sich im Hinblick auf die kleinen Fondsboutiquen Mack & Weise sowie StarCapital ziehen, die zwar über qualitativ ausgezeichnete Produkte verfügen, in der Wahrnehmung der Intermediäre allerdings nur gering vorhanden sind. Dies ist auf die mangelnde Vertriebsorientierung der Gesellschaften zurückzuführen. Beide haben bislang keine Ressourcen in die Vertriebsbetreuung oder die Akquise von Intermediären investiert. Beim Mitbewerber Flossbach von Storch wurde der Vertriebsaufbau bereits 2010 initiiert und in den Befragungsergebnissen zeigen sich die positiven Resultate deutlich. Es ist deshalb davon auszugehen, daß für die kleinen Fondsboutiquen eine aktive Betreuung der Intermediäre elementar ist, um sich am Markt zu verstetigen. Auch wird ein merklicher Mittelzufluß bei den AuM nur erfolgen, wenn sich in der Breite eine Wahrnehmung (der Fondsgesellschaften) bei Intermediären wie Endkunden einstellt.

Anhand des nachfolgenden Schaubilds wurden die Fondsgesellschaften aufgelistet, die über mehr als eine Nennung bei der Umfrage verfügen. Insgesamt wurden 30 Gesellschaften herausgefiltert, die dieses Kriterium erfüllen. Es ist davon auszugehen, daß die befragten Intermediäre aus Verbünden (vornehmlich aus Sparkassen und VR-Banken) auch ihre Verbund-KAGen berücksichtigt haben, was sich in den Nennungen für die DekaBank und die Union Investment wiederspiegelt.

Abbildung 21: „Nennen Sie die 3 von Ihnen am häufigsten eingesetzten Fondsgesellschaften[181]"

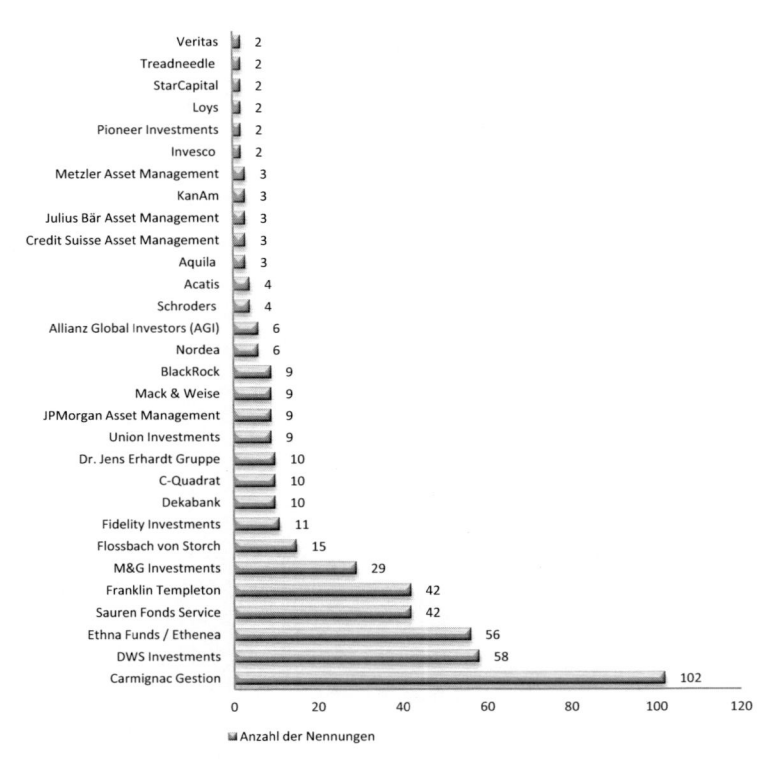

Fondsgesellschaft	Anzahl der Nennungen
Veritas	2
Treadneedle	2
StarCapital	2
Loys	2
Pioneer Investments	2
Invesco	2
Metzler Asset Management	3
KanAm	3
Julius Bär Asset Management	3
Credit Suisse Asset Management	3
Aquila	3
Acatis	4
Schroders	4
Allianz Global Investors (AGI)	6
Nordea	6
BlackRock	9
Mack & Weise	9
JPMorgan Asset Management	9
Union Investments	9
Dr. Jens Erhardt Gruppe	10
C-Quadrat	10
Dekabank	10
Fidelity Investments	11
Flossbach von Storch	15
M&G Investments	29
Franklin Templeton	42
Sauren Fonds Service	42
Ethna Funds / Ethenea	56
DWS Investments	58
Carmignac Gestion	102

5.2.2 Korrelation von Vertriebserfolg und Wertentwicklung

Daß eine überdurchschnittliche Performance den Absatz einfacher gestaltet und zu höheren Mittelzuflüssen führt ist Fakt (siehe hierzu auch die **Abbildungen Nr. 24** und **26**). So war besonders die weit überdurchschnittliche Performance des *Carmignac Patrimoine* mitursächlich für seine enormen Mittelzuflüsse in den Jahren 2009 bis 2011. Gefolgt auf das Krisenjahr 2008 und der sehr guten positiven Performance von 0,01 % (nachdem die Kapitalmärkte kolabiert waren und nahezu keine Investmentgesellschaft ohne deutliche Performance-Verluste das Jahr überstanden hatte) waren die Mittelzuflüsse in den Fonds exorbitant hoch[182]. In ähnlicher Weise erlebte der *Templeton Global Bond*, aufgrund seiner ebenfalls deutlichen Outperformance, massive Mittelzuflüsse. Aktuell werden die Performance Hitlisten von Flossbach von Storch angeführt, was sich in der Nachfrage insbesondere bei freien Vermögensberatern niederschlägt (siehe hierzu auch **Abbildungen Nr. 30** und **31** im Anhang). Um einen Beleg für die starke Nachfrage der beiden Fonds, *Carmignac Patrimoine*

---

[181] Quelle: Eigene, im Rahmen dieses Buches durchgeführte, Studie unter 189 Anlage- und Vermögensberatern im Zeitraum 15. November 2011 bis 15. Januar 2012. Grafik: eigene Darstellung.
[182] Quelle: interne Angaben der Carmignac Gestion Deutschland GmbH (nicht veröffentlicht – auf Nachfrage einsehbar).

und *Templeton Global Bond*, zu geben wurden die Nettomittelzuflüsse des Jahres 2010 grafisch dargestellt.

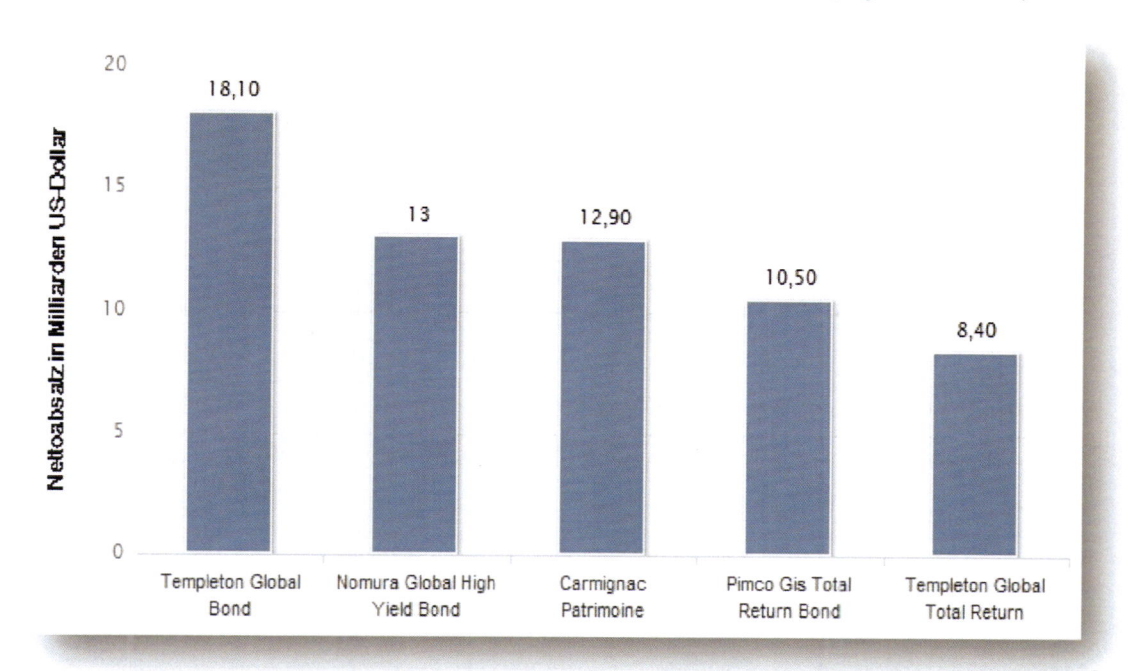

Abbildung 22: „Investmentfonds mit dem höchsten Nettoabsatz 2010 (außerhalb USA)[183]"

5.2.3 Einflussfaktor Retrozessions- und Frontload-Gestaltung

Um die Einflüsse der „Verdienstkomponente" über Kick-Backs (bei der Verwaltungsvergütung) oder die Vereinnahmung eines Ausgabeaufschlages (beim Fondsverkauf) zu bewerten wurde anhand der eigenen Umfrage unter 189 Anlageberatern (Bankberatern, freien Vermögensverwaltern sowie Maklern) die Frage gestellt, inwieweit der Provisionsaspekt für die Auswahl der Produkte eine Rolle spielt. Die nachfolgende Übersicht verdeutlicht dabei, daß die Ertragskomponente bei den Befragten nur eine untergeordnete Bedeutung für die Produktauswahl hatte.

---

[183] Quelle: Handelsblatt, 10. Februar 2011, S. 40. Grafik: entnommen aus www.statista.com.

Abbildung 23: „Ist die Vergütung durch die Fondsgesellschaft für Sie verkaufsentscheidend?[184]"

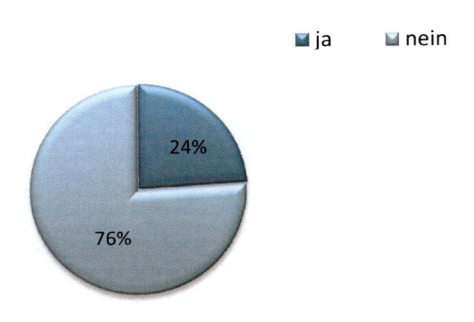

■ ja   ■ nein

24%
76%

Für mehr als **83,1 %** ist die gute bis sehr gute Wertentwicklung des Fonds das bestimmende Auswahlkriterium. In analoger Weise war die geringe Volatilität **(74,9 %)** sowie eine lange (nachhaltige) Fondshistorie **(52,5 %)** und ein sicherheitsorientierter Management-Stil **(50,8 %)** bei den Intermediären relevant. Bei den unter „Sonstiges" aufgeführten Angaben wurden mehrheitlich *„Transparenz bei den Kosten"*, *„Fokussiertheit beim Managementprozeß"* sowie *„Verlässlichkeit"* genannt. Die nachfolgende Grafik gibt dabei die bestimmenden Faktoren der Intermediäre (bei der Fondsauswahl für die Kunden) wieder.

Abbildung 24: „Was ist Ihren Kunden wichtig bei der Anlage in Investmentfonds?[185]"

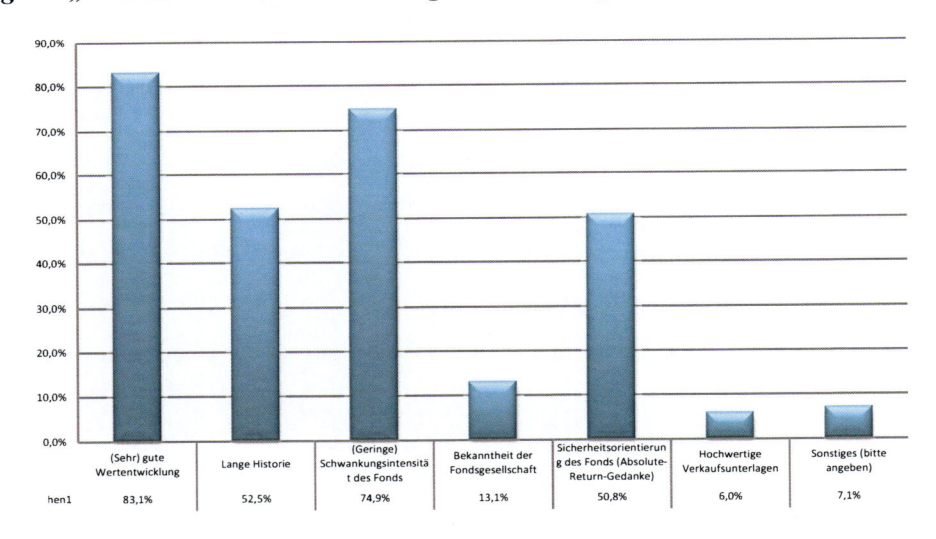

	(Sehr) gute Wertentwicklung	Lange Historie	(Geringe) Schwankungsintensität des Fonds	Bekanntheit der Fondsgesellschaft	Sicherheitsorientierung des Fonds (Absolute-Return-Gedanke)	Hochwertige Verkaufsunterlagen	Sonstiges (bitte angeben)
hen1	83,1%	52,5%	74,9%	13,1%	50,8%	6,0%	7,1%

---

[184] Quelle: Eigene, im Rahmen dieses Buches durchgeführte, Studie unter 189 Anlage- und Vermögensberatern im Zeitraum 15. November 2011 bis 15. Januar 2012. Grafik: eigene Darstellung.
[185] Ebenda. Mehrfachnennungen möglich. Grafik: eigene Darstellung.

Aufgrund der neuen gesetzlichen Regelungen hinsichtlich der Offenlegung von Provisionen und Kosten beim Erwerb von Investmentfondsanteilen hat sich eine deutlich höhere Transparenz der Kostenstrukturen durchgesetzt, so daß der Endkunde beim Kauf sehr umfassend aufgeklärt werden muß. Die geplanten Neuerungen im Rahmen der sog. „MiFID II" Regulierung, die ein Verbot von Ausgabeaufschlägen und Kick-Backs vorsieht[186], würden weitere Veränderungen bei den Kostenstrukturen innerhalb der Fondsindustrie nach sich ziehen. Allerdings ist kurzfristig nicht davon auszugehen, daß sich der Gesetzgeber mit diesem Vorhaben durchsetzen wird und die Lobbyverbände ihren Einluß ausüben werden, dem entgegenzuwirken. Bezeichnend dafür ist, daß das EU-Parlament die vorgesehene Provisionsverbots-Richtlinie erst kürzlich wieder zurückgenommen hat[187]. Aus diesem Grund wird auch die zukünftige Rolle der Honorarberatung von den Befragten Intermediären eher untergeordnet eingestuft.

Abbildung 25: „Wie schätzen Sie das Thema Honorarberatung für die Zukunft ein?[188]"

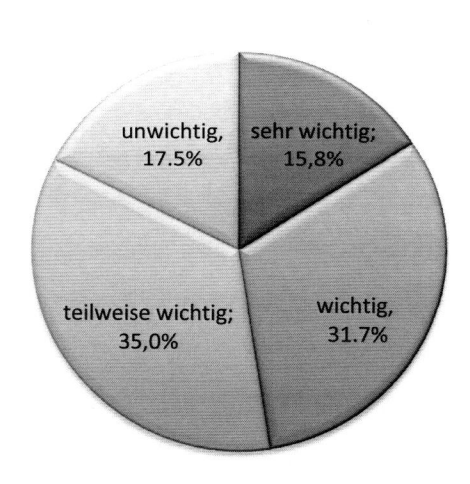

- sehr wichtig; 15,8%
- wichtig, 31,7%
- teilweise wichtig; 35,0%
- unwichtig, 17,5%

---

[186] Vgl. hierzu auch Alhswede, Sophie: „MiFID 2: Anlageberatung in Europa wird neu definiert", Deutsche Bank Research, 26.10.2011, S. 1-3.
[187] Vgl. hierzu auch Berschens, Ruth: "EU-Parlament kommt Banken beim Anlegerschutz entgegen", Handelsblatt Nr. 59 vom 22.03.2012, S. 34.
[188] Quelle: Eigene, im Rahmen dieses Buches durchgeführte, Studie unter 189 Anlage- und Vermögensberatern im Zeitraum 15. November 2011 bis 15. Januar 2012. Grafik: eigene Darstellung.

5.2.4 Gewichtung der Wettbewerbsvorteile Transparenz und Service

Aufgrund eines, durch immer komplexer werdende Produkte, sich schnell verändernden Marktumfeldes, ist einer nachfragegerechten Kommunikation eine große Bedeutung zuzumessen. Nachfrager (und Intermediäre) werden nur Produkte selektieren, die sie verstehen respektive deren Beschreibung so aufbereitet wurde, daß auch ein „Finanzmarktlaie" sie erfassen kann. Eine wichtige Herausforderung für die Fondsindustrie in Deutschland, die – wie aus den vorangegangenen Kapiteln deutlich wurde – auf eine nur gering informierte und interessierte Anlegerschaft trifft, wird deshalb sein verständlichere Informationen zur Verfügung zu stellen. Ggf. ist durch entsprechende Aufklärungs- und Informationsveranstaltungen dazu beizutragen, den Wissensstand der potentiellen Produktnachfrager anzuheben. In ähnlicher Weise versucht das bereits der BVI mit seiner Kampagne „Investmentfonds. Nur für alle[189]".

Ein wesentlicher Erfolgsfaktor für den Investmentfondsabsatz ist Service in der Form, daß institutionellen Investoren, Intermediären und (End-)Anlegern vollumfängliche Informationen zur Verfügung gestellt werden, die es ermöglichen sich zeitnah einen Überlick über Chancen und Risiken der jeweiligen Fonds zu verschaffen. Immer wichtiger wird dabei die Aufbereitung dieser Informationen im Internet, so daß der Webauftritt einer Fondsgesellschaft nicht unerheblich die Fondsauswahl beinflußt. Als Indiz für die Wichtigkeit des „Servicefaktors" kann auch die durchgeführte Studie unter Anlage- und Vermögensberatern dienen, die mit **52,9 % Servicequlaität** als Selektionskriterium benannt haben. Daneben wurde besonders Transparenz bei Produkten und Prozessen sowie ein in sich stimmiges Konzept von den Befragten hervorgehoben. Auch bezogen sich Nennungen auf einen vertrauensvollen Umgang mit den verwalteten Kundengeldern, der als wesentliche Basis für eine Fondsempfehlung oder eine KAG-Selektion gesehen wird. Alles entscheidender Faktor bleibt mit **93,7 %** aber die **Fonds-Performance**, denn sie macht es dem Intermediär deutlich einfacher das Produkt beim Kunden zu platzieren und bringt ihn in eine „Vorteilsverkäufer-Position". Das nachfolgende Schaubild verdeutlicht die wesentlichen Auswahlkriterien der Intermediäre.

---

[189] Informationen zur Kampagne des BVI finden sich unter http://nur-fuer-alle.de/.

Abbildung 26: „Welches sind für Sie die wichtigsten Auswahlkriterien bei einer Fondsgesellschaft?[190]"

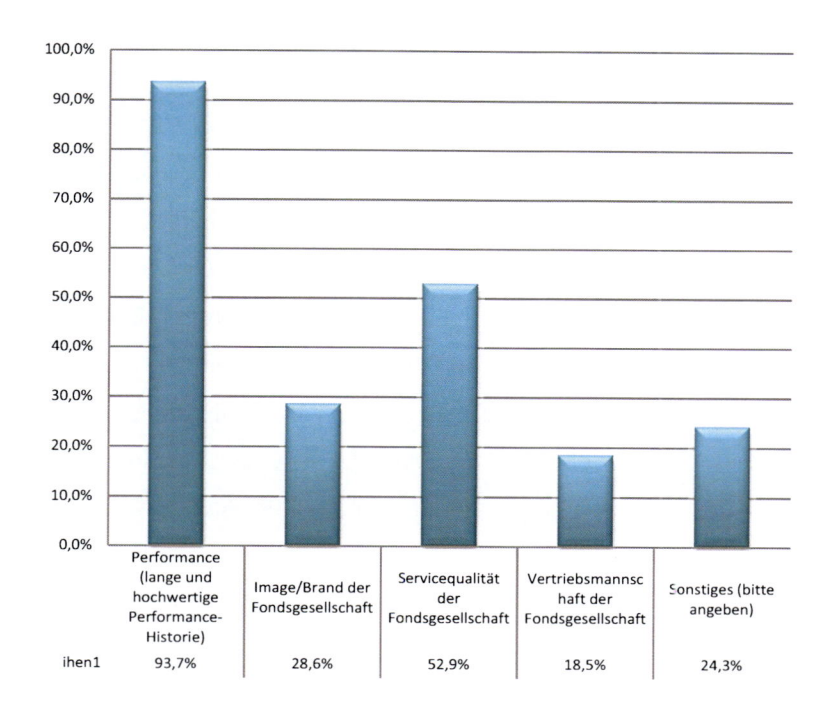

	Performance (lange und hochwertige Performance-Historie)	Image/Brand der Fondsgesellschaft	Servicequalität der Fondsgesellschaft	Vertriebsmannschaft der Fondsgesellschaft	Sonstiges (bitte angeben)
ihen1	93,7%	28,6%	52,9%	18,5%	24,3%

5.3 Identifikation zukünftiger Entwicklungstendenzen

Die Deutschen sind kein Land der Investmentfondssparer! Selbst, wenn die Zahlen des BVI zur direkten wie indirekten Anlage in Investmentfonds, dies suggerieren möchten. So ist die Zahl der Investmentfondsbesitzer in den letzten 10 Jahren von 10,6 Mio. auf 14,8 Mio. gestiegen[191]. Allerdings muß hier berücksichtigt werden, daß dieser Zuwachs weniger in der direkten Fondsanlage, sondern in der indirekten (über Altersvorsorgeprodukte wie Riester-Renten oder Fondspolicen) stattgefunden hat (siehe hierzu auch **Abbildung Nr. 8**). Es ist deshalb wesentlich, wie das Fondsprodukt „verpackt" wird und ob es ggf. sogar mit einer Garantie (bspw. bei Garantiefonds oder Riesterfondssparplänen) ausgestattet ist. Deutsche Fondsanleger gelten als risikoavers und verzichten eher auf Rendite, denn daß sie ein größeres Risiko eingehen[192]. Diese (mehrheitlich vorhandene) Risikoneigung hat dazugeführt, daß insbesondere risikoadjustierte Investmentprodukte bevorzugt nachgefragt wurden. Neben vermögensverwaltenden Mischfonds waren das auch defensive Multi-Asset-Investmentfonds oder Absolute-Return-Lösungen. Dabei spielt die Kostenseite hinsichtlich der Management-

---

[190] Quelle: Eigene, im Rahmen dieses Buches durchgeführte Studie unter 189 Anlage- und Vermögensberatern im Zeitraum 15. November 2011 bis 15. Januar 2012. Mehrfachnennungen möglich. Grafik: eigene Darstellung.
[191] Vgl. hierzu auch GfK-Studie zur Anzahl der Fondsbesitzer in Deutschland, Erhebungszeitraum von Januar 2000 bis Juni 2009, veröffentlicht im Dezember 2009.
[192] Quelle: Foliensatz zur Jahrespressekonferenz des BVI am 07.02.2012 in Frankfurt am Main, S. 15.

gebühr im Endkundensegment nur eine untergeordnete Rolle und die Nachfrage von ETF-Lösungen ist (noch) zu vernachlässigen. Dies ist sicher auch auf den Umstand zurückzuführen, daß passive ETF-Lösungen keinen Vergütungsbestandteil für den Intermediär (mittels Kick-Back) beinhalten und somit nur von Vermögensberatern mit einem Honorarmodell aktiv angeboten werden. Da sich aber – solange die gesetzlichen Bestimmungen dies nicht zwingend vorschreiben – eine fächendeckende Honorberatung bei Banken und freien Vermögensberatern nicht durchsetzt, ist zukünftig nicht davon auszugehen, daß das Vergütungsmodell beim Investmentsfondsvertrieb eine Änderung erfahren wird. Die Zurücknahme des geplanten Provisionsverbotes unterstreicht wie schwer sich die Regulierungsbehörden dazu durchringen können das Vergütungsmodell zu ändern[193]. Eine wesentliche Erkenntnis der Jahre nach der Lehman-Pleite 2008 ist auch, daß die Nachfrager von Fondsprodukten nach einfachen und funktionierenden Investmentlösungen suchen. Das gilt auch uneingeschränkt für die zwischengeschalteten Intermediäre, denn sie müssen das „Produkt" erklären und beraten. Dabei ist ein komplexes Investmentvehikel deutlich schwieriger zu platzieren wie ein einfaches und schnell zu erfassendes. Weiter bleibt hier zu berücksichtigen, daß die Kenntnis über Zusammenhänge am Finanzmarkt bei (Privat-) Investoren nur gering vorhanden ist. Die Befragung der Intermediäre zur Zukunft der Finanzdienstleistungsbranche zeigt deshalb ein sehr differenziertes Bild.

Abbildung 27: „Wie schätzen Sie die Zukunft der Fondsindustrie ein?[194]"

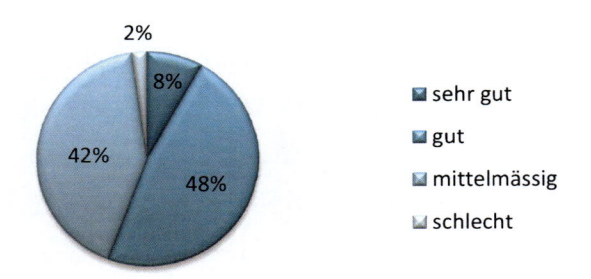

- 2% sehr gut
- 8% gut
- 48% mittelmässig
- 42% schlecht

Wichtiger Baustein in der Anlageberatung bleiben aus Sicht der befragten Anlage- und Vermögensberater auch zukünftig vermögensverwaltende Produkte, die durch ihr aktives Umschichten (je nach Marktsituation von Offensive auf Defensive und umgekehrt) für den Kun-

---

[193] Vgl. hierzu auch Berschens, Ruth: "EU-Parlament kommt Banken beim Anlegerschutz entgegen", Handelsblatt Nr. 59 vom 22.03.2012, S. 34.
[194] Quelle: Eigene, im Rahmen dieses Buches durchgeführte, Studie unter 189 Anlage- und Vermögensberatern im Zeitraum 15. November 2011 bis 15. Januar 2012. Grafik: eigene Darstellung.

den positive Erträge, bei gleichzeitig geringen Schwankungen, erwirtschaften können. So ist diese Fondskategorie für **56 %** der Befragten **sehr wichtig** und für weitere **33 % wichtig**.

Abbildung 28: „Wie schätzen Sie die zukünftige Rolle vermögensverwaltender Fonds ein?[195]"

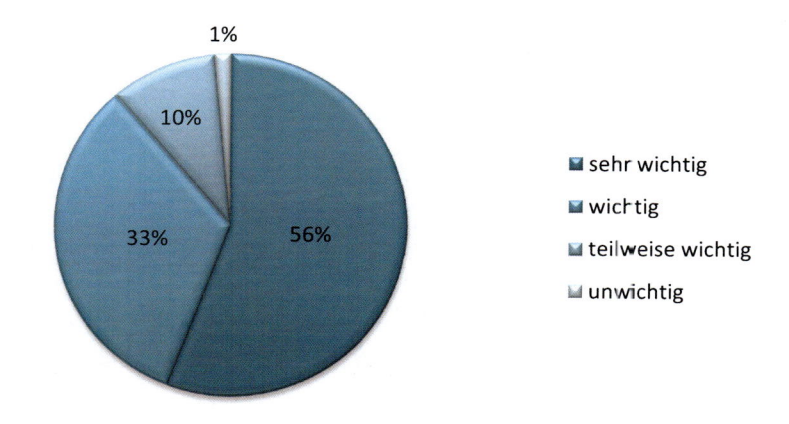

- sehr wichtig: 56%
- wichtig: 33%
- teilweise wichtig: 10%
- unwichtig: 1%

---

[195] Quelle: Eigene, im Rahmen dieses Buches durchgeführte, Studie unter 189 Anlage- und Vermögensberatern im Zeitraum 15. November 2011 bis 15. Januar 2012. Grafik: eigene Darstellung.

6. Schlussfolgerungen und Fazit

Die Betrachtung des deutschen Fondsmarktes zeigt ein sich stark veränderndes und dynamisches Marktumfeld. So wird sich auf Anbieterseite eine bereits angestoßene Konsolidierung weiter fortsetzen und dazu führen, daß vorrangig große Anbieter, die – aufgrund ihrer vorhandener Strukturen – als sog. „Full-Sortimenter" alle Asset-Klassen und aktive gemanagte wie auch passive Investmentlösungen vorhalten, am Markt bestehen können. Allerdings wird deutlich, daß sich insbesondere im Segment der mittelgroßen Asset Manager, die nicht alle Investmentvehikel bedienen können, eine bereits begonnene Konsilidierung fortsetzen wird. Die Analyse des Fondsmarktes in Deutschland hat aber auch zu Tage gefördert, daß im Nachgang der Finanzkrise insbesondere risikoadjustierte und vermögensverwaltende Fondslösungen einen breiten Zuspruch unter den Anlegern gefunden haben. Das ist auch ursächlich für die schnelle Etablierung ursprünglich kleiner Vermögensverwaltungsgesellschaften wie **Carmignac Gestion, ETHENEA oder Flossbach von Storch**[196]. Allen drei Gesellschaften ist es gelungen für Ihre Anleger die Krise nahezu unbeschadet zu überstehen und überdurchschnittliche Investmentergebnisse zu erzielen. Vermögensverwaltende Fonds wie der *Carmignac Patrimoine*, der *Ethna Aktiv E* oder der *Flossbach von Storch Multiples Opportunities* sind aktuell aus der Fonds-Produktlandschaft nicht mehr wegzudenken. Sollte es diesen Anbietern gelingen weiterhin respektable Performance-Ergebnisse zu erzielen wird sich deren Marktposition weiter verfestigen, so daß sie auch zukünftig gegenüber großen Fondsanbietern bestehen können. Wahrscheinlich ist auch, daß bei den kleinen unabhängigen Vermögensverwaltern (mit langer Performancehistorie) noch weitere Anbieter hinzustoßen werden. Bereits auf einem guten Weg ist dabei die **Sauren Fonds Service AG**, die sich seit mehr als 20 Jahren innerhalb des Dachfondsmanager-Segmentes einen Namen gemacht hat. Weiter gehören die Fondsboutiquen **Mack & Weise, StarCapital** oder **Bantleon** in die Kategorie derer, die produktseitig über ausreichend Qualität verfügen sich am Markt dauerhaft zu positionieren[197]. Entscheiden wird für diese Häuser sein, daß sie sich vertrieblich besser aufstellen, um dadurch einer breiten Öffentlichkeit, auf Investoren- wie Intermediärseite, bekannt zu werden. Nachdem sich im Segment der mittelgroßen Asset Manager in den kommenden Jahren eine Bereinigung vollziehen wird ist davon auszugehen, daß sich die freiwerdenden Markanteile auf die Segmente der Investmentfondsboutiquen und großen „Full-Sortimenter" verteilen werden. Für alle Fondsgesellschaften muß festgehalten

---

[196] Vgl. hierzu auch Artikel in der Branchenzeitschrift „Fonds professionell" mit dem Titel „Made in Germany", Ausgabe 01/2012, S. 180-185.
[197] Vgl. hier zu auch Hajek, Stefan / Hoyer, Niklas / Schwerdtfeger, Heike / Reimer, Hauke: „Deutschlands beste Geldvermehrer", Wirtschaftswoche Nr. 7 vom 13.02.2012, S. 86-92.

werden, daß nur eine Fokussierung auf die Kernkompetenzen Fondsmanagement und Performancegenerierung, in Form qualitativ hochwertiger Produkte, die den Investoren nachhaltig einen Mehrwerte bieten, zu einer erfolgreichen Marktverstetigung oder AuM-Wachstum führen wird. Mehrwert über Fokussierung und Qualität sind die bestimmenden Treiber innerhalb der deutschen Fondsindustrie. Besonders die risikoaverse Grundausrichtung deutscher Investoren, bei institutionellen wie auch retailorientierten Anlegern, zeigt in welche Richtung die Produktgestaltung gehen muß. Einfach konstruierte und (auch für Laien) verständliche Produkte werden den Markt bestimmen. Eine zu hohe Komplexität wirkt absatzhemmend und führt – im Falle negativer Performanceergebnisse – zu einem Imageschaden des Anbieters. Aus diesem Grund ist die Produktgestaltung entscheidend für die Nachfrage – je einfacher das Produkt, umso einfacher ist es abzusetzen. Was die Nachfragestruktur in Deutschland betrifft, fällt auf, daß neben der geringen Risikobereitschaft der Anleger auch wenig grundsätzliches Interesse an finanzwirtschaftlichen Themen besteht. Das gilt, neben reinen Bankprodukten, besonders für den Bereich der Geldanlage und insbesondere für Fonds. Bei den Vertriebsstrukturen innerhalb der deutschen Fondsindustrie ist immer noch eine marktbeherrschende „Bankenlastigkeit" zu verzeichnen. Aktuelle Tendenzen innerhalb der Bankverbünde, insbesondere aus dem Lager der Großbanken, sich wieder verstärkt den Verbund-Investmentgesellschaften zuzuwenden, birgt eine große Gefahr. Denn besonders „verbundgefärbte" Monokulturen in den Kundendepots haben in der Vergangenheit zu einer hohen Unzufriedenheit bei Anlegern (Kunden) geführt. Sollte sich dieser Trend verstetigen ist davon auszugehen, daß insbesondere freie Vermögensberater ein deutlich stärkeres Gewicht beim Fondsabsatz bekommen werden. Denn sie garantieren für ihre Kunden das vollumfängliche Angebot aller am Markt befindlichen Investmentlösungen und sind so in der Lage objektiv und qualitativ hochwertig zu beraten. Bankseitig werden dauerhaft nur die Anbieter am Markt bestehen können, die über ihre „Open Architecture" eine qualitativ hochwertige Ergänzung zu ihren Verbund-KAGen offerieren können. Abschließend bleibt festzuhalten, daß viel Bewegung im Markt zu verspüren ist. Im Sinne einer sich zu entwickelnden Investmentkultur in Deutschland wäre es wünschenswert, wenn sich Objektivität und Qualität bei der Kundenberatung durchsetzt und damit die Basis für mehr Vertrauen in Investmentprodukte geschaffen wird.

ANHANG

LITERATUR- UND QUELLENVERZEICHNIS

AHLSWEDE, SOPHIE:
„*MiFID 2: Anlageberatung in Europa wird neu definiert*", Deutsche Bank Research, 26.10.2011, S. 1-3.

ALLIANZ GLOBAL INVESTORS (AGI):

- *Allianz Gruppe - Geschäftsbericht 2010*, S. 3. Stand: 31.12.2010.

- *Fonds-Factsheet der Allianz Global Investors (AGI) vom 07.02.2012* abgerufen unter http://www.allianzglobalinvestors.de/web/pdfdetails?action_id=FondsDetailsPdfAll&l_act_id=FondsDetails.

- Informationen zu folgenden Fonds:

    o *Fondra-A-EUR,* abgerufen am 04.04.2012 unter http://www.allianzglobalinvestors.de/web/main?action_id=FondsDetails.Documents&l_act_id=FondsDetails&1180=DE0008471004.

    o *Fondak-A-EUR,* abgerufen am 04.04.2012 unter http://www.allianzglobalinvestors.de/web/main?action_id=FondsDetails&l_act_id=fonds.data&1170=1002871.

    o *Allianz RCM Thesaurus-AT-EUR*, abgerufen am 04.04.2012 unter http://www.allianzglobalinvestors.de/web/main?action_id=FondsDetails.Documents&l_act_id=FondsDetails&1180=DE0008475013.

- Informationen zu:

    o *Allianz Global Investors*
    o *Deutscher Investment Trust (dit)*
    o *PIMCO*

    wurden der Unternehmenswebsite unter http://www.allianzglobalinvestors.de/web/main?page=/cms-out/ueber-uns/ueber-uns.html entnommen und am 12.03.2012 abgerufen. Detaillierte Informationen zur Tochtergesellschaft PIMCO wurden am 11.02.2012 unter http://de.pimco.com/DE/OurFirm/Pages/OurFirmOverview.aspx abgerufen.

ATTRAX S.A.:

- Informationen zum *Unternehmen* und zum *Geschäftsmodell* mit den angeschlossenen VR-Banken wurden unter http://www.attrax.lu/docme/geschaeftsmodell/de/index.html am 03.04.2012 abgerufen.

- *Informationen über VR-Banken, die das Drittfondsgeschäft aktiv betreiben.* Diese Informationen wurden im Rahmen von Vertriebsmeetings mit der Carmignac Gestion Deutschland GmbH erteilt und sind nicht veröffentlicht, können aber auf Nachfrage eingesehen werden.

ATZLER, ELISABETH:
„*Gebrochenes Versprechen*" in CAPITALonline vom 19.12.2011 unter http://www.capital.de/finanzen/fonds/:Absolute-Return-Fonds--Gebrochenes-Versprechen/100043739.html?mode=print, abgerufen am 03.04.3012.

AUGSBURGER AKTIENBANK:
Informationen zur Augsburger Aktienbank AG als Abwicklungsplattform unter http://www.aab.de/sites/aabweb/unternehmen/portrait.html?act=/sites/aabweb/unternehmen/portrait.html, abgerufen am 12.03.2012.

BANTLEON BANK AG:
Die *Informationen zur Unternehmensdarstellung* der Gesellschaft wurden unter http://www.bantleon.com/de/ueber_uns/unternehmen am 03.03.2012 abgerufen.

BARRAS, L. / SCAILLET, O. / WERMERS, RUSS:
„*False Discovery in Mutual Fund Performance*", The Journal of Finance, 65 (1), 2010, S. 179-216.

BCA AG:
Unternehmensdarstellung der BCA AG wurde unter http://www.bca.de/page/unternehmen/263 am 12.03.2012 abgerufen.

BEIKE, ROLF / SCHLÜTZ, JOHANNES:
„*FINANZNACHRICHTEN lesen – verstehen – nutzen*", Schäffer-Poeschel Verlag Stuttgart, 5. Auflage 2010. Informationen zu nachfolgenden Themen wurden hieraus entnommen:

- *Alternative Strategien*, S. 773.
- *Ausgabeaufschlag*, S. 717.
- *Benchmark*, S. 150.
- *DAX*, S. 154.
- *EURO STOXX 50*, S. 170.
- *Exchange Traded Fund (ETF)*, S. 732.
- *MSCI / MSCI World*, S. 172.

BERSCHENS, RUTH:
"EU-Parlament kommt Banken beim Anlegerschutz entgegen", Handelsblatt Nr. 59 vom 22.03.2012, S. 34.

BLACKROCK INVESTMENT MANAGEMENT:

- *Informationen zum Unternehmen sowie Informatonen zu den Fonds*:
    - BGF World Mining Fund
    - BGF World Gold Fund
    - BGF New Energy Fund
    - BGF Global Allocation Fund
    - BSF European Absolute Return Fund

  wurden unter http://www.blackrockinvestments.de/AboutUs/Overview/index.htm und unter http://www.blackrockinvestments.de/Intermediaries/index.htm am 04.04.2012 abgerufen.

- *Informationen zum ETF-Markt*:
  „Die 5 größten ETF-Anbieter in Europa – Marktanteil gemessen am Umsatz", Erhebung durch BlackRock im September 2010.

BMELV:
Wissenschaftliche Studie zur „Messung des Kundennutzens der Anlageberatung", 15.12.2011. Projektverantwortliche: Prof. Dr. Andreas Hackethal, Prof. Dr. Roman Inderst.

BOSTON CONSULTING GROUP (BCG):
BCG Report „Global Asset Management 2011 – Building on Success", S. 4-20.

BUNDESVERBAND DEUTSCHER BANKEN (BDB):

- „Hat Ihr Vertrauen in Ihre eigene Bank bzw. Banken angesichts der Finanzkrise gelitten?", Ipos-Befragung im Auftrag des BdB (im Zeitraum März und April 2009 unter 1056 Bundesbürgern über 18 Jahre), veröffentlicht im Mai 2009.

- „Banken in der Verantwortung", Ergebnisse der repräsentativen Meinungsumfrage des Bundesverbandes deutscher Banken zum XIX. Deutschen Bankentag am 30./31. März 2011.

BVI BUNDESVERBAND INVESTMENT UND ASSET MANAGEMENT e.V. (BVI):

- „Investment 2011. Daten, Fakten, Entwicklungen", Jahrbuch für das Jahr 2010.

- „BVI-Investmentstatistik" per 31.12.2006.

- „BVI-Investmentstatistik" per 31.12.2007.

- „BVI-Investmentstatistik" per 30.09. und 31.12.2008.

- *„BVI-Investmentstatistik"* per 31.05.2011.

- *„BVI-Investmentstatistik"* per 30.06.2011.

- *„Pro-Kopf-Investmentvermögen"*, Erhebungszeiträume 2000 und 2010, veröffentlicht im Mai 2011.

- *„Foliensatz zur Jahrespressekonferenz des BVI"* am 07.02.2012 in Frankfurt.

- *„Chronologie der Investmentfondsanlage"*, 2010, S.2.

- *„Marktanteile der Publikumsfondsanbieter in Deutschland"*, Stand: 31.12.2011. (zusammen recherchiert mit Lipper).

- *„Anzahl der Riester-Verträge (angelegt in Investmentfonds) in Deutschland 2007 bis 2011,* Erhebungszeitraum: 31.03.2007 bis 31.03.2011, veröffentlicht im Mai 2011.

- *Informationen zum „Weltfondstag"* unter http://nur-fuer-alle.de/weltfondstag/.

- *Informationen zur Kampagne „Investmentfonds. Nur für alle"* unter http://nur-fuer-alle.de/.

- *„Informationsquellen vor dem Kauf von Investmentfonds"*, GfK-Befragung im Oktober 2009 unter 767 Investmentfondsbesitzern, veröffentlicht im Dezember 2009. Grundlagenstudie Investmentfonds 2009 in Zusammenarbeit mit dem BVI, S. 14.

BVR-BUNDESVERBAND DER DEUTSCHEN VOLKS- UND RAIFFEISENBANKEN:
„Liste aller Genossenschaftsbanken", Stand: 31.12.2011, abgerufen am 12.02.2012 unter http://www.bvr.de/p.nsf/DB7EB8B24BD5A9F3C12578530050AE71/$FILE/AlleBanken2011.pdf.

CASH MAGAZIN:
„Maklerpools und Verbünde", Ausgabe 03/2012, S. 78-79.

CASH-ONLINE:
„Die Liste der größten Poolgesellschaften" unter http://www.cash-online.de/cash-hitlisten/maklerpools/maklerpool-hitliste-2011 abgerufen am 12.04.2012.

CARMIGNAC GESTION DEUTSCHLAND GMBH:

- *Interne Quellen* zu Absätzen und Volumensentwicklung des *Carmignac Patrimoine*.

- *Weitere Quellen* wurden im (paßwortgeschützten) Vertriebspartnerbereich unter http://extranet.carmignac.com/Extranet/ExtranetTemplates/HomePageTemplate.aspx?PageId=100&q=650 am 01.04.2012 abgerufen. Zur Einsicht kann der USER: thammer und das Paßwort: thomas848 verwandt werden.

COMDIRECT BANK AG:
Informationen zu Wertpapierdepots und betreutem Anlage- und Depotvolumen wurden entnommen aus comdirect Bank AG, Unternehmensbroschüre, Stand: 31.12.2011.

COMMERZBANK AG:
Darstellung der Premiumpartnerschaft zwischen Commerzbank AG und AGI auf der Unternehmenseite der Commerzbank unter https://www.commerzbanking.de/P-Portal0/XML/IFILPortal/pgf.html?Tab=102&Doc=/de/GB/hauptnavigation/wp_spezial/ansatz_coba/wp_beratung_agi.htm, abgerufen am 10.04.2012.

CORTAL CONSORS AG:
Informationen zu Wertpapierdepots und betreutem Anlage- und Depotvolumen wurden entnommen aus Cortal Consors AG, Unternehmensbroschüre, Stand: 31.12.2010.

CSEF – CENTRE FOR STUDIES IN ECONOMICS AND FINANCE:
Working Paper Nr. 238, *„Economic Literacy: An International Comparison"*, Oktober 2009.

DAB BANK AG:
Informationen zur Unternehmensdarstellung sowie Depotvolumen und Wertpapierdepots der DAB bank AG wurden am 12.03.2012 unter https://www.dab-bank.de/servicenavigation/investor-relations/unternehmenskalender.html abgerufen.

DAS INVESTMENT:

- *„Welche Produkte werden Sie im Versicherungsjahr 2011 verkaufen"*, „Das Investment", Nr. 10/11, 15. September 2011, S. 48.

- *„Top-Seller der Makler-Pools und Direktbanken"*, abgerufen am 10.04.2012 unter http://www.dasinvestment.com/investments/fonds/top-seller.

DEKABANK DEUTSCHE GIROZENTRALE:
Informationen zur DekaBank-Gruppe wurden der Unternehmenswebsite entnommen und unter https://www.deka.de/decontent/meta/ueberuns.jsp am 12.02.2012 abgerufen.

DIE BANK:
„Vertriebswege der Investmentfonds", Ausgabe März 2010, S.3.

DR. JENS ERHARDT GRUPPE:

- *Unternehmensdaten* basieren auf Informationen der DJE-Gruppe, die am 05.02.2012 der Unternehmenswebsite unter http://www.dje.de/DE_de/unternehmen/geschichte/ entnommen wurden.

- Informationen zum Flaggschiff-Investmentfonds, dem *FMM-Fonds,* wurden am 12.03.2012 unter http://www.dje.de/DE_de/fonds/fondsuebersicht/DE0008478116-FMM-Fonds/ abgerufen.

DWP BANK AG:
Unternehmensbroschüre, Stand: 31.12.2011.

DWS INVESTMENTS:

- *Informationen zum Unternehmen sowie dem aktuellen Marktanteil,* abgerufen am 03.04.2012 unter https://www.dws.de/UeberDWS.

- *Informationen zum DWS Intervest,* abgerufen am 04.04.2012 unter https://www.dws.de/Produkte/Fonds/529/Fonds-Fakten.

EBASE:
Unternehmensporträt der European Bank for Fund Services GmbH (ebase). Abgerufen unter https://portal.ebase.com/(e1)/www/homepage/ueber-uns/unternehmen am 12.02.2012.

EFAMA
„*Die Statistik zum Volumen des in Investmentfonds verwalteten Vermögens in Europa (im Zeitraum von 2001 bis 2011)*", veröffentlicht im Februar 2012.

ETHNAFUNDS / ETHENEA INDEPENDENT INVESTORS:

- *Informationen zum Unternehmen* wurden am 04.04.2012 unter http://www.ethnafunds.com/de/De%20fondsen/Ethna-AKTIV%20E%20%28A%29 abgerufen.

- Informationen zum *Ethna Aktiv E* wurden am 04.04.2012 unter http://www.ethnafunds.com/de/De%20fondsen/Ethna-AKTIV%20E%20%28A%29 abgerufen.

FAMA, EUGENE F. / FRENCH, KENNETH R.:
„*Luck versus Skill in the Cross Section of Mutual Fund Returns*", The Journal of Finance, 65 (1), 2010.

FAZ:
„*Fondsbranche glaubt an Schwellenländer*", FAZ vom 07.04.2012, S. 20.

FERI EURORATING:
„*Top Fonds der Versicherer*", veröffentlicht im Juni 2010. Studie von Feri EuroRating. Stichtag 30. April 2010.

FIDELITY FONDSBANK:
Unternehmensporträt. Abgerufen unter https://www.ffb.de/public/Internet/nav/0ec/0ec70548-49fc-3b01-73d2-82700266cb59.htm am 12.02.2012.

FIDELITY INTERNATIONAL:

- *Unternehmensangaben zur deutschen Niederlassung in Kronberg und der weltweiten Fidelity-Gruppe* wurden am 12.02.2012 unter https://www.fidelity.de/anleger/ueber-fidelity/unternehmensportraet/default.page?smid=gk0cvgzb abgerufen.

- Informationen zum *Fidelity China Consumer Fund* wurden am 04.04.2012 unter https://www.fidelity.de/anleger/fonds/fonds-im-fokus/china-consumer-fund/fonds.page?smid=gn822ayz abgerufen.

FINANCE GLOSSARY:
Definition des Tied Agents unter http://www.financeglossary.net/definition/3425-Tied_Agent, abgerufen am 12.04.2012.

FLOSSBACH VON STORCH AG:

- *Unternehmensangaben* und zum *Vertriebsvorstand Dirk von Welsen* wurden unter http://www.fvsag.com/unternehmen/ am 04.04.2012 abgerufen.

- Informationen zum *Flossbach von Storch Multiple Opportunities R* wurden unter http://fvs.factsheetslive.com/portrait.php?isin=LU0323578657 am 12.04.2012 abgerufen.

- Fondsfactsheet *Flossbach von Storch Multiple Opportunities R* per 31.07.2011.

FONDS FINANZ MAKLER SERVICE GMBH:
Unternehmensangaben sowie Kennzahlen zum Jahresergebnis wurden am 04.04.2012 unter http://www.fondsfinanz.de/unternehmen/zahlen/ abgerufen.

FONDSKONZEPT AG:
Unternehmensangaben wurden am 04.04.2012 unter http://fondskonzept.ag/Pages/id=14.html abgerufen.

FONDSNET HOLDING GMBH:
Informationen zum Unternehmen, zur Struktur und die angeschlossenen Partnern wurden am 04.04.2012 unter http://www.fondsnet.de/unternehmen_fn.php?act=historie&mbstr=1 abgerufen.

FONDSPROFESSIONELL KONGRESS:
Informationen zum jährlichen Branchentreff, dem sog. „Fondskongress in Mannheim", wurden am 12.04.2012 unter http://www.fondsprofessionell.de/kongress/2012/ abgerufen.

FONDSPROFESSIONELL (MAGAZIN):
„Made in Germany", Ausgabe 01/2012, S. 180-185.

FRANKFURT SCHOOL OF FINANCE & MANAGEMENT:
Informationen zum CFA-Examen wurden am 12.04.2012 unter http://www.frankfurt-school.de/content/de/education_programmes/professional_programmes/cfa abgerufen.

FRANKLIN TEMPLETON INVESTMENTS:

- *Unternehmensinformationen* wurden am 06.03.2012 unter http://www.franklintempleton.de/de/index.jsp?url=/unternehmen/franklin_templeton_weltweit abgerufen.

- Informationen zum *Templeton Growth Fund* wurden am 02.04.2012 unter http://www.franklintempleton.de/de/index.jsp?url=/unsere_fonds/factsheets/0147_i_de_de für die *USD-Tranche* und für die später aufgelegte und kleinere *Euro-Tranche* unter http://www.franklintempleton.de/de/index.jsp?url=/unsere_fonds/factsheets/0793_i_de_de abgerufen.

- *CV von Dr. Mark Mobius* wurde am 04.04.2012 unter http://www.franklintempleton.de/de/index.jsp?url=/top_nav/presse/galerie abgerufen.

GESELLSCHAFT FÜR KONSUMFORSCHUNG (GFK):
Studie zur Anzahl der Fondsbesitzer in Deutschland, Erhebungszeitraum von Januar 2000 bis Juni 2009, veröffentlicht im Dezember 2009.

GROTH, JULIA:
„Strauchelnde Renditejoker" in CAPITALonline vom 12.12.2011 unter http://www.capital.de/finanzen/aktien/:Absolute-Return-Fonds--Gewinne-nicht-garantiert/100040193.html?mode=print abgerufen am 03.04.2012.

HAJEK, STEFAN / HOYER, NIKLAS / SCHWERDTFEGER, HEIKE / REIMER, HAUKE:
„Deutschlands beste Geldvermehrer", Wirtschaftswoche Nr. 7 vom 13.02.2012, S. 86-92.

HANDELSBLATT:

- *„Investmentfonds mit höchstem Nettoabsatz außerhalb der USA"*. Handelsblatt Nr. 29, 10. Februar 2011, Seite 40.

- *"Pimco bringt der Allianz-Fondstochter den Sieg"* in Handelsblatt Nr. 47 vom 06.03.2012, S. 36.

- *„Pioneer-Fonds stemmen sich gegen schlechte Leistung und Personalabgänge"* in Handelsblatt Nr. 204 vom 21.10.2011, S. 46.

HEINEMANN, F. / SCHRÖDER, M. / SCHÜLER, M. / STRIBÖCK, C. / WESTERHEIDE, P. (Heinemann et al.):
„Towards a Single European Market in Asset Management", Studie des Zentrums für Europäische Wirtschaftsforschung, Universität Mannheim, 2003.

HERZOG, MARC / JOHANNIG, LUTZ / RODEWALD, MAIK:
„Handbuch Vertriebs-Exzellenz im Asset Management", Uhlenbruch Verlag, 2008.

HÖßL, WOLFGANG:
"Der Anlageerfolg aktiver Aktienfondsmanager – Eine empirische Untersuchung der Performance im Zulassungsraum Deutschland unter Berücksichtigung von Kapitalmarktanomalien, Anlageverhalten und statistischen Verzerrungen", WiKu-Verlag Duisburg, 2009.

ING-DIBA AG:
Informationen zu Wertpapierdepots und Kundenvermögen unter https://www.ing-diba.de/ueber-uns/presse/jahresberichte/, abgerufen am 12.03.2012.

IFAK INSTITUT:
„Welche Investmentgesellschaften sind Ihnen persönlich bekannt?", Markt-Analyse, veröffentlich am 21.11.2007.

J.P. MORGAN ASSET MANAGEMENT:

- *Unternehmensporträt* der Gesellschaft abgerufen am 04.04.2012 unter http://www.jpmam.de/DEU/Unsere_Geschichte.

- Informationen zum *JPMorgan Funds - Europe Strategic Value Fund* wurden am 04.04.2012 unter http://www.jpmam.de/DEU/Fonds-Explorer abgerufen.

JUNG, DMS & CIE. AG:

- Unternehmensangaben zur *Jung, DMS & Cie. Gruppe* wurden unter www.jungdms.de http://www.jungdms.de/maklerpool/web/Unternehmen.htm;jsessionid=07A0FE523D8998475CC52DCF5A15B392 am 18.03.2012 abgerufen.

- Informationen zum *Finum Finanzhaus* sowie zur *SRQ-Gruppe*. Veröffentlicht in „poolnews – Das Magazin", Ausgabe 01/2012.

KIRCHNER, CHRISITIAN:
„*Mächtige Verkäufer*", Wirtschaftswoche Nr. 48 vom 26.11.2007, S. 184-188.

KÖHLER, PETER:
„*Postbank wird künftig stärker auf Rendite getrimmt*", erschienen in Handelsblatt Nr. 64 vom 29.03.2012, S. 33.

KÖHLER, PETER / DROST, FRANK:

- „*Dekabank trennt sich überraschend von ihrem Chef*", Handelsblatt Nr.67 vom 03.04.2012, S. 4.

- „*Sparkassen trennen sich abrupt vom Chef der Dekabank. Tantieme-Forderungen von zweieinhalb Millionen Euro passen nicht in die Zeit*", Handelsblatt Nr.67 vom 03.04.2012, S. 55.
- „*Dekabank in schweren Turbulenzen*", handelsblatt.com vom 03.04.2012, abgerufen am 05.04.2012 unter http://www.handelsblatt.com/unternehmen/banken/sparkassen-fondsdienstleister-dekabank-in-schweren-turbulenzen/6471302.html.

KOSOWSKI, Robert ET AL.:
„*Can Mutual Fund „Stars" Really Pick Stocks?*" New Evidence from a Bootstrap Analysis, The Journal of Finance, 61 (6), 2006, S.2551-2595.

MACK & WEISE GMBH:

- *Unternehmensinformationen und zu den handelnden Personen* wurden am 04.04.2012 unter http://www.mack-weise.de/luxvermoegen.html abgerufen.

- Informationen zum *Flaggschiff-Investmentfonds, dem M&W Privat*, wurden unter http://www.mack-weise.de/luxfondsprivat/luxdownloadprivatmenu.html am 03.04.2012 abgerufen.

MANAGER MAGAZIN:
„*Deutsche Bank stoppt Verkauf fremder Fonds*", Manager Magazin Online-Ausgabe vom 03.01.2012 unter http://www.manager-magazin.de/unternehmen/banken/0,2828,806861,00.html, abgerufen am 04.04.2012.

MIKOSCH, BERND:
„*Gewinne nicht garantiert*" in CAPITAL online vom 20.12.2011 unter http://www.capital.de/finanzen/aktien/:Absolute-Return-Fonds--Gewinne-nicht-garantiert/100040193.html?mode=print, abgerufen am 04.04.2012.

MORNINGSTAR:
„Wertentwicklung des Carmignac Patrimoine seit Auflegung", Stand: 29.02.2012. Darstellung: Carmignac Gestion Deutschland GmbH.

NARAT, INGO:
"*Pimco bringt der Allianz-Fondstochter den Sieg*", Handelsblatt Nr. 47 vom 06.03.2012, S. 36.

NEIßE, THOMAS:
„*Der deutsche institutionelle Fondsmarkt im Wandel*", veröffentlicht in „Handbuch Investmentfonds für institutionelle Anleger", Uhlenbruch Verlag, 2011.

NETFONDS AG:
Informationen zum Unternehmen, den Umsatzerlösen sowie die Anzahl der angebundenen Tied Agents wurden mittels Internetrecherche und eigener Befragung der Gesellschaft in Erfahrung gebracht. Befragungszeitraum: 18./19.03.2012. Internetquelle: http://www.netfonds.de/.

PIONEER INVESTMENTS KAPITALANLAGEGESELLSCHAFT:

- *Angaben zur Pioneer Investments Kapitalanlagegesellschaft, UniCredit Gruppe sowie Pioneer Global Asset Management* wurden am 04.04.2012 unter http://www.pioneerinvestments.com/company/history.html abgerufen.

- Informationen zum *Pioneer Fund* wurden am 04.04.2012 unter http://us.pioneerinvestments.com/pers/prices.jsp?ElementId=/pers/repositories/XML/factsheets/piodx.xml abgerufen.

- *Vermögen- und Nettomittelabflüsse in Fonds von Pioneer Investments in Deutschland*, veröffentlicht in Handelsblatt Nr. 204 vom 21.10.2011, S. 46.

POHLE, ANDREAS:
„*Finanzmarktkunde vor und nach der Krise*", in „Bank und Markt", Heft Nr. 3, März 2011.

POOLS AND FINANCE:
Informationen zur „*Pools and Finance Messe*"in Darmstadt abgerufen unter http://poolsandfinance.de/ am 18.03.2012.

REZMER, ANKE:
„Professionelle Investoren kaufen wieder Fonds", in Handelsblatt Nr. 52 vom 13.03.2012, S. 39.

SAUREN FONDS SERVICE AG:

- *Informationen zum Unternehmen* wurden unter http://www.sauren.de/unternehmensportrait.html am 02.04.2012 abgerufen.

- Informationen zum Fondsflaggschiff der Gesellschaft, dem *SAUREN Global Defensiv*, wurden unter http://www.sauren.de/sgd.html#daten am 04.04.2012 abgerufen.

SCHULZ, BETTINA:
„Fusionsgespräche im Minensektor schüren Optimismus", FAZ vom 04.02.2012, abgerufen am 04.04.2012 unter http://www.faz.net/aktuell/finanzen/aktien/glencore-und-xstrata-fusionsgespraeche-im-minensektor-schueren-optimismus-11637042.html

SCHWERDTFEGER; HEIKE:
„Verlorenes Terrain", Wirtschaftswoche Nr.09 vom 21.02.2009, S. 88-92.

SECTOR ANALYSIS:
"Insights into Third Party Buying Behaviour in Europe", London, 2003.

SPIEGEL.DE
Unternehmensinformationen zu J.P. Morgan Chase wurden am 12.02.2012 unter http://www.spiegel.de/wirtschaft/0,1518,584622,00.html abgerufen.

STANSCH KAPITALMANAGEMANT UND SERVICE GMBH:
Informationen zu Veranstaltungsreihen mit Franklin Templeton Investments (Dr. Mark Mobius) wurden unter http://www.stansch.de/kapitalmanagement/unternehmen/meilensteine/ am 04.04.2012 abgerufen.

STARCAPITAL AG:

- Informationen zum *Unternehmen* und den *handelnden Personen*, abgerufen am 04.04.2012 unter http://www.starcapital.de/profil

- Informationen zum Investmentfonds *"StarCap Winbonds+"* abgerufen am 04.04.2012 unter http://www.starcapital.de/fonds/starcap-sicav-winbonds-+

THE BANK OF NEW YORK:
"The Battle for Sales: Brand versus Performance", 2006.

THIEßEN, FRIEDRICH:
"Zur Trennung von Vertriebs- und Produktionsbank – Chancen und Risiken der „Open Architecture"- Strategien im Vermögensmanagement", erschienen in: Bank-Archiv 2003, Heft 6, S.410-412.

UNION ASSET MANAGEMENT HOLDING AG:

- Informationen zum *Unternehmen* wurden am 04.03.2012 unter http://unternehmen.union-investment.de/-snm-0184282429-1330875687-060b200000-0000000000-1330876385-enm-Unternehmen/UMH/Unternehmensprofil/Struktur/index.html?nm_caller=nav abgerufen.

- Informationen zur *„UniProfiRente"*, Stand: 29.02.2012.

VON GERTRINGEN, HILLER:

- *„Franklin Templeton – ergeizige Pläne in Deutschland"*, FAZ vom 28.03.2012, abgerufen am 04.04.2012 unter http://www.faz.net/aktuell/finanzen/fonds-mehr/franklin-templeton-ehrgeizige-plaene-in-deutschland-11700793.html.

- *„Fondsbranche glaubt an Schwellenländer"*, FAZ vom 07.04.2012, S. 20.

WIRTSCHAFTSWOCHE:
„Die besten Mischfonds der letzten 3 Jahre im Vergleich", „Wirtschaftswoche", Ausgabe Nr. 09 vom 27.02.2012. Fondsdaten: Morningstar, Stand: 21.02.2012.

WREDE, CHRISTIAN:
„Anlegerinteressen im Fokus", 2. europäische Studie zur Qualität der Anlageberatung, Fidelity Investments, Frankfurt am Main, 28. September 2011.

UMFRAGE: Fondsindustrie in Deutschland

Insgesamt wurden 500 Vertriebspartner aus der Datenbank von Carmignac Gestion Deutschland (Sitz: Junghofstraße 24, 60311 Frankfurt am Main) für dieses Buch mittels Email und webbasiertem Fragebogen angeschrieben. Der Befragungszeitraum fand von 15.11.2011 bis 15.01.2012 statt und 189 Teilnehmer haben den Fragebogen vollumfänglich beantwortet. Die hohe Rücklaufquote hat zu einem brauchbaren Ergebnis geführt und deckt sich in vielen Teilbereichen mit den Aussagen aus vorangegangen Marktstudien sowie den Erkenntnissen des BVI oder des Bundesministeriums für Ernährung, Landwirtschaft und Verbraucherschutz (BMELV).

Die Struktur der antwortenden Teilnehmer ist nachfolgend dargestellt:

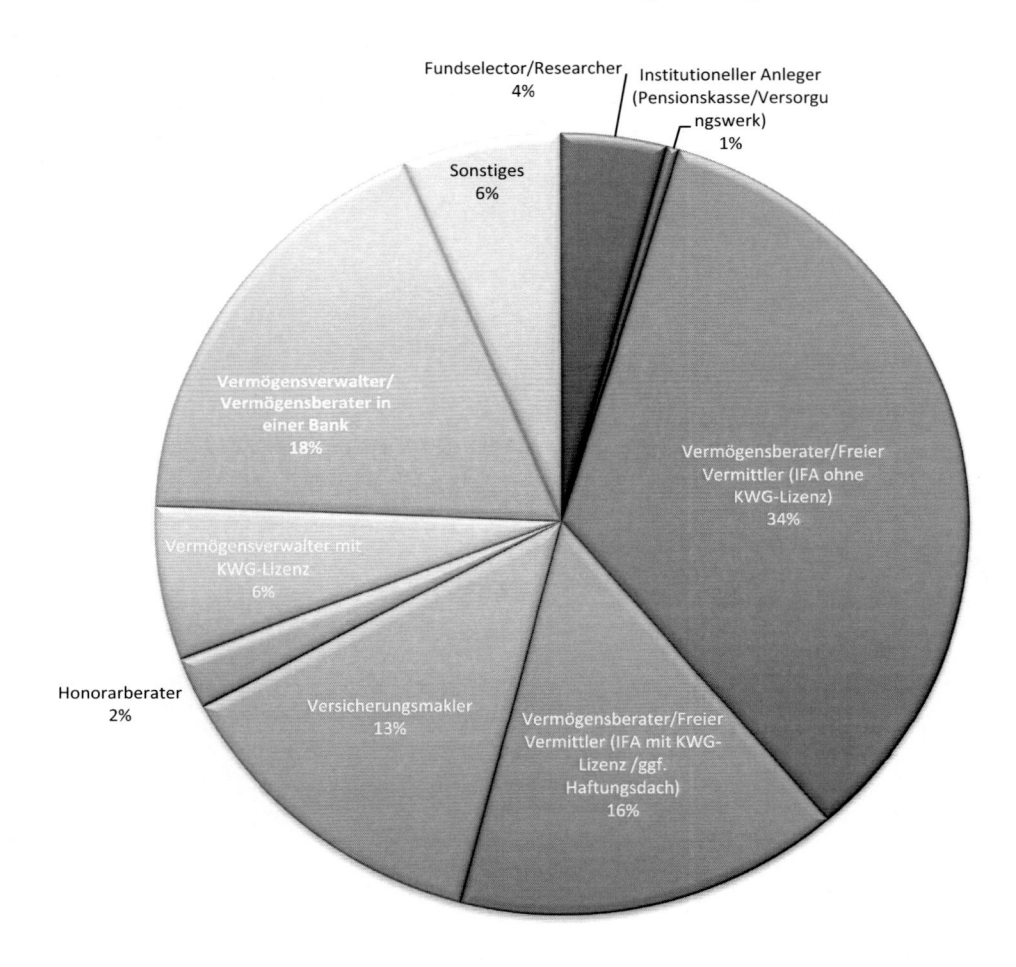

Vermögensberater/Freier Vermittler (IFA ohne KWG-Lizenz)	34%
Vermögensverwalter/Vermögensberater in einer Bank	18%
Vermögensberater/Freier Vermittler (IFA mit KWG-Lizenz /ggf. Haftungsdach)	16%
Versicherungsmakler	13%
Sonstiges	6%
Vermögensverwalter mit KWG-Lizenz	6%
Fundselector/Researcher	4%
Honorarberater	2%
Institutioneller Anleger (Pensionskasse/Versorgungswerk)	1%

Abbildung 29: „Geschäftsmodell der attrax S.A. Luxembourg"

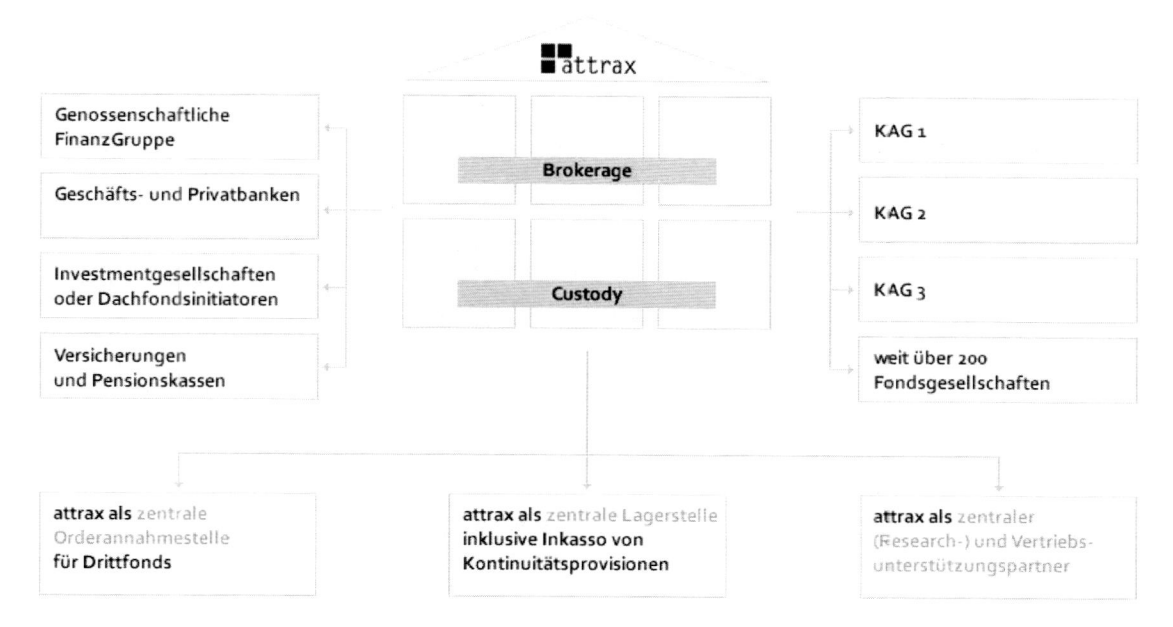

■■
■ attrax

- Genossenschaftliche FinanzGruppe
- Geschäfts- und Privatbanken
- Investmentgesellschaften oder Dachfondsinitiatoren
- Versicherungen und Pensionskassen

Brokerage

Custody

- KAG 1
- KAG 2
- KAG 3
- weit über 200 Fondsgesellschaften

attrax als zentrale Orderannahmestelle **für Drittfonds**

attrax als zentrale Lagerstelle **inklusive Inkasso von Kontinuitätsprovisionen**

attrax als zentraler (Research-) und Vertriebs-unterstützungspartner

Quelle: attrax S.A. Luxembourg, am 03.04.2012 abgerufen unter http://www.attrax.lu/docme/geschaeftsmodell/de/index.html.

Abbildung 30: „Die besten Mischfonds der letzten 3 Jahre im Vergleich"

Die besten Mischfonds
Wie die erfolgreichsten Portfolio-Manager abgeschnitten haben

Fondsname	ISIN	Wertentwicklung in Prozent		Volatilität[2] in Prozent
		seit 3 Jahren[1]	seit 1 Jahr	
Die Gewinner unter den volumenstärksten Fonds				
Invesco Balanced-Risk Allocation	LU0432616737	–	15,3	–
FvS Strategie Multiple Opportunities	LU0323578574	24,3	14,9	10,1
M&G Optimal Income	GB00B1VMCY93	15,7	9,3	6,7
Bantleon Opportunities S	LU0337411200	6,8	8,1	2,9
Allianz Flex Rentenfonds A EUR	DE0008471921	9,2	5,8	5,5
Deka-Euroland Balance CF	DE0005896872	6,2	5,7	4,1
BL-Global Flexible A	LU0211339816	8,3	4,6	6,7
Carmignac Patrimoine A	FR0010135103	7,1	3,2	6,3
HVB Vermögensdepot priv. Balance	DE000A0M0341	7,0	2,7	4,7
Pimco GIS Gl. Multi-Asset	IE00B61K2V50	–	2,2	–
BNY Mellon Global Real Return	IE00B4Z6HC18	–	2,1	–
CS MACS Classic 20 P	DE000A0M6371	6,0	1,8	4,0
UniStrategie: Konservativ	DE0005314108	8,3	1,7	4,9
HVB Vermögensdepot priv. Wachstum	DE000A0M0358	9,6	1,7	6,8
UBS SF Yield (EUR)	LU0033040782	6,3	1,0	4,6
db PrivatMandat Invest Ertrag Plus	LU0110174793	2,6	0,8	2,8
DWS FI Vermögensstrategie	LU0275643301	13,2	0,7	11,0
Allianz Strategy 50 CT EUR	LU0352312184	9,5	0,6	8,3
UniRak	DE0008491044	13,9	0,5	10,7
DWS Bond Flexible	LU0455866425	–	0,1	–
HVB Vermögensdepot privat Defensiv	DE000A0RL2A7	–	–0,1	–
DNCA Invest Eurose	LU0284394235	6,8	–0,2	4,6
Deka-Stiftungen Balance	DE0005896864	1,9	–0,3	2,8
LBBW Balance CR 20	LU0097711666	4,5	–0,3	4,3
Sauren Global Defensiv	LU0163675910	4,4	–0,5	2,7
Deka-Wertkonzept CF (T)	DE000DK1A4U6	2,8	–0,6	2,1
Ethna-Aktiv	LU0136412771	7,5	–0,8	5,2
Blackrock Global Allocation EUR	LU0212925753	12,2	–1,3	12,5
Echiquier Patrimoine	FR0010434019	3,1	–2,3	3,0
Pioneer SF Tactical Allocation	LU0374292018	7,4	–2,6	8,6
BNPP L1 Diversified World Balanced	LU0132151118	10,0	–3,2	9,7
db PrivatMandat Comfort Pro Global	LU0425202925	–	–4,1	–
JPMorgan Gl. Capital Preservation EUR	LU0115711235	1,9	–4,3	5,4
PWM VM DWS Multi Opportunities	LU0240542687	4,0	–4,5	4,3

Quelle: Morningstar, Stand: 21.02.2012, Darstellung: entnommen der „Wirtschaftswoche", Ausgabe Nr.09 vom 27.02.2012. Legende: 1: jährlicher Durchschnitt (in Euro gerechnet); 2: je höher die Jahresvolatilität (Schwankungsintensität) in den vergangenen 3 Jahren umso risikoreicher ist der Fonds.

Abbildung 31: „Topseller der Maklerpools und Direktbanken[198]"

Februar 2012

#	Fonds	WKN
1	FvS Multiple Opportunities	A0M430
2	DWS Global Value	939853
3	DWS Rendite Optima Four Seasons	A0F426
4	Carmignac Patrimoine	A0DPW0
5	DWS Vorsorge Dachfonds	DWS001
6	M&W Privat FCP	A0LEXD
7	DWS Top Dividende	984811
8	M&G Optimal Income	A0MND8
9	HSBC Indian Equity	974873
10	Invesco Balanced Risk Allocation	A1CV2R

NETFONDS — Februar 2012

#	Fonds	WKN
1	FvS Multiple Opportunities	A0M430
2	H&E Pfadfinder Universal	A0YKM9
3	Carmignac Patrimoine	A0DPW0
4	Ethna-Aktiv E	764930
5	M&G Optimal Income	A0MND8
6	DWS Deutschland	849096
7	M&G Global Basics	797735
8	M&W Privat FCP	A0LEXD
9	Carmignac Emerging Patrimoine	A1H7X0
10	AC Risk Parity 7	A0NH4J

JUNG, DMS & CIE. — Februar 2012

#	Fonds	WKN
1	Carmignac Patrimoine	A0DPW0
2	FvS Multiple Opportunities	A0M430
3	M&W Privat FCP	A0LEXD
4	DWS Top Dividende	984811
5	DJE Goldport Stabilitätsfonds	A0M67Q
6	DWS Vermögensbildungsfonds I	847652
7	Hausinvest	980701
8	Templeton Growth Euro	941034
9	M&G Global Basics	797735
10	Templeton Growth US-Dollar	971025

BCA — Februar 2012

#	Fonds	WKN
1	DWS Rendite Optima Four Seasons	A0F426
2	DWS Invest Chinese Equity	DWS0BJ
3	Invesco Balanced Risk Allocation	A1CV2R
4	FvS Multiple Opportunities	A0M430
5	Carmignac Patrimoine	A0DPW0
6	FT Accugeld	977020
7	DWS Zukunftsressourcen	515246
8	Ethna-Aktiv E	764930
9	M&W Privat FCP	A0LEXD
10	Bantleon Opportunities	A0NB6S

DAB bank — März 2012

#	Fonds	WKN
1	HAIG Renten Defensiv	HAFX0A
2	M&G Optimal Income	A0MND8
3	M&W Privat	A0LEXD
4	Carmignac Patrimoine	A0DPW0
5	Morgan Stanley Global Brands	A0NFBG
6	DWS Top Dividende	984811
7	BGF World Mining Fund	986932
8	Pimco Emerging Markets Local Bonds	A0RA57
9	Merit Capital Global Allocation	A1JCWX
10	BNY Mellon Newton American Fund	930429

Argentos — Februar 2012

#	Fonds	WKN
1	FvS Multiple Opportunities	A0M430
2	Invesco Balanced Risk Allocation	A1CV2R
3	Nordea 1 - European High Yield Bond	A0J3X4
4	M&W Privat FCP	A0LEXD
5	M&G Optimal Income	A0MND8
6	Invesco Balanced Risk Allocation thes.	A0N9Z0
7	DWS Top Dividende	984811
8	Allianz Pimco Corporate Bond Europa	987179
9	DWS Deutschland	849096
10	DWS Short Duration Emerging Markets	DWS04D

---

[198] Quelle: Das Investment, abgerufen unter http://www.dasinvestment.com/investments/fonds/top-seller am 10.04.2012.

Abbildung 32: „Vermögen/Nettomittelabflüsse von Pioneer Investments in Deutschland"[199]

Vermögen in Mrd. Euro

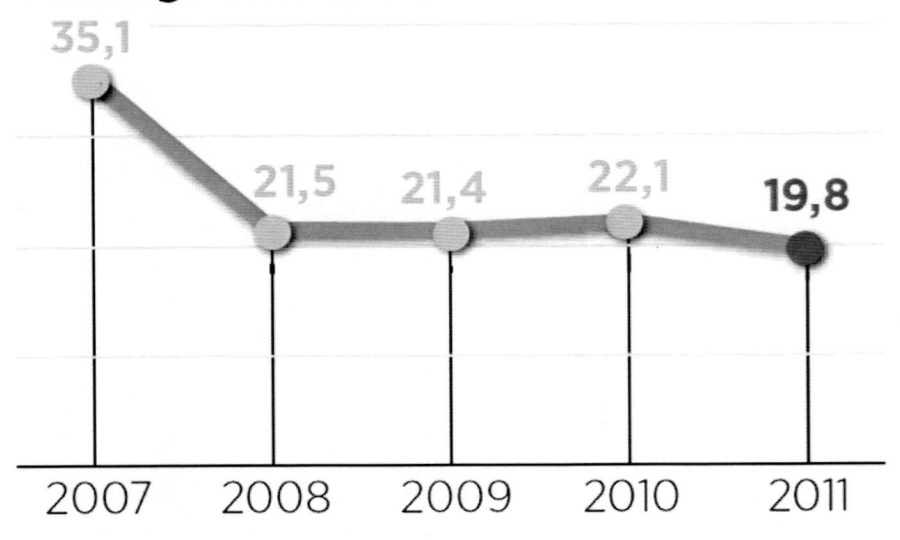

- 2007: 35,1
- 2008: 21,5
- 2009: 21,4
- 2010: 22,1
- 2011: 19,8

Netto-Abflüsse in Mrd. Euro

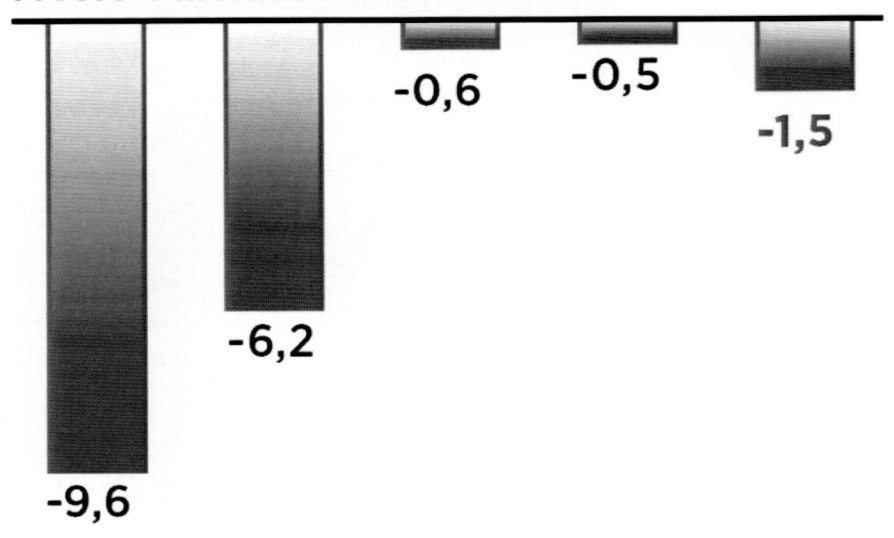

- 2007: -9,6
- 2008: -6,2
- 2009: -0,6
- 2010: -0,5
- 2011: -1,5

---

[199] Quelle: Pioneer Investments, Abbildung entnommen aus Handelsblatt Nr. 204 vom 21.10.2011, S. 46.

Abbildung 33: „Wertentwicklung des Carmignac Patrimoine seit Auflegung"[200]

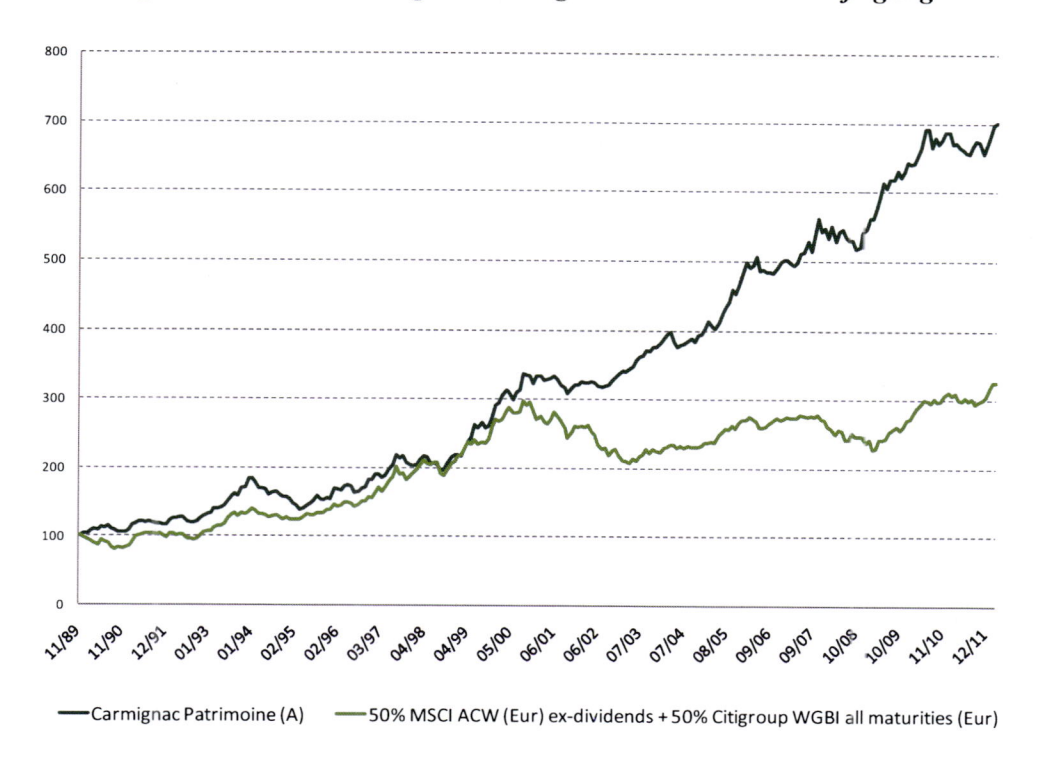

——Carmignac Patrimoine (A) ——50% MSCI ACW (Eur) ex-dividends + 50% Citigroup WGBI all maturities (Eur)

---

[200] Quelle: Morningstar, Stand 29.02.2012. Darstellung Carmginac Gestion Deutschland GmbH. *WGBI* steht dabei für **W**orld **G**overnment **B**ond **I**ndex und *MSCI* für **M**organ-**S**tanley-**C**apital-**I**nternational.

Autorenprofil

Thomas Hammer, Jahrgang 1973, verantwortet seit 2008 den Deutschland-Vertrieb der französischen Investmentboutique Carmignac Gestion (Paris/Frankfurt). Zuvor leitete er von 2004 bis 2008 den deutschsprachigen Vertrieb von Pioneer Investments (Dublin/München) und Robeco Asset Management (Amsterdam/Frankfurt) und arbeitete als Projektmanager für die Deutsche Börse AG (2001 - 2004) sowie im Private Banking des Volksbanken-Sektors (1994 - 2001). Thomas Hammer hält einen Master in Finance and Banking, ist Diplom-Betriebswirt sowie Bankkaufmann und zertifizierter Anlageberater. Aufgrund seiner langjährigen Erfahrung im Asset Management und zahlreicher Vorträge bei Banken und Sparkassen gilt Thomas Hammer als ausgewiesener Fachmann im Asset Management. Daneben ist er – aufgrund seiner langjährigen Börsenerfahrung – seit 2001 als freiberuflicher Dozent an der Baden-Württembergischen Genossenschaftsakademie tätig und dort für die Ausbildung der Bankfachwirte wie auch Bankbetriebswirte im Bereich Vertrieb und Portfoliomanagement verantwortlich. Mit seinem vorliegenden Buch gibt der Autor einen fundierten Einblick in die deutsche Fondsindustrie sowohl auf Anbieter- wie auch auf Nachfragerseite und wagt einen Ausblick für die Zukunft.